教室里有一头大象

给孩子的16堂哲学启蒙课

冀剑制◎著 翔 龙◎绘

中国画报出版社·北京

图书在版编目（CIP）数据

　　教室里有一头大象：给孩子的16堂哲学启蒙课／冀剑制著；翔龙绘. -- 北京：中国画报出版社，2024.1
　　ISBN 978-7-5146-2278-2

　　Ⅰ.①教… Ⅱ.①冀… ②翔… Ⅲ.①哲学—少儿读物 Ⅳ.①B-49

　　中国国家版本馆CIP数据核字(2023)第153852号

中文简体字版©2021年，由中国画报出版社出版。
本书由三民书局股份有限公司正式授权，经由凯琳国际版权代理，北京乐律文化有限公司与中国画报出版社出版中文简体字版本。非经书面同意，不得以任何形式任意重制、转载。
北京市版权局著作权合同登记号：01-2023-5066

教室里有一头大象：给孩子的16堂哲学启蒙课

冀剑制 著　　翔龙 绘

出 版 人：方允仲
特约编辑：高惠娟　王　钢
责任编辑：李聚慧
责任印制：焦　洋

出版发行：中国画报出版社
地　　址：中国北京市海淀区车公庄西路33号　邮编：100048
发 行 部：010-88417418　010-68414683（传真）
总编室兼传真：010-88417359　版权部：010-88417359

开　　本：32开（880mm×1230mm）
印　　张：7.5
字　　数：150千字
版　　次：2024年1月第1版　2024年1月第1次印刷
印　　刷：三河市嘉科万达彩色印刷有限公司
书　　号：978-7-5146-2278-2
定　　价：49.80元

序

给家长的话

网络时代,意见交流快速,但很多人缺乏讲道理(论理)的习惯与能力,以致产生许多无谓的纷争。然而,想要获得这个习惯与能力,其实并不容易,需要长期培养,最好从小开始。撰写此书,就是期待能

达成这个目的。希望孩子们通过故事，熟练地掌握"论理观念"，并且借此养成"论理习惯"、提升"论理能力"。

学习论理能力需要先养成习惯。而习惯的养成，首先从练习"提出任何观点，都要有理由"开始。学习之初，理由好不好都没关系，有理由就行，以避免因为找不出适当理由而放弃。当然，完全无关的理由也不行，因为使用无关的理由根本就不能算是论理。理由或多或少都要对观点有支持才行。

所以，家长可以让孩子多讲道理，鼓励孩子用道理去支持观点，把讲道理变成一件好玩的事情。对于孩子讲道理，家长应给予鼓励，重点在于"养成习惯"。

但家长自己最好也养成讲道理的习惯，不管要求孩子做什么，家长都要讲道理。久而久之，孩子自然也会习惯用讲道理的方式去跟他人沟通。除此之外，

这个习惯的养成也可以从网上发言或跟朋友闲聊做起。例如，在社交平台上只要说出任何是非善恶的观点，就要求自己至少要说一点理由。如果没有理由，就不要提出观点。日常聊天时也是一样，有观点，就至少简单说一下理由，也可以顺便练习口语表达能力。另外，听见别人的观点时，也要仔细寻找别人的理由，如果找不到，可以试着问问看，"为什么这么想呢？""你的理由是什么？"，以培养让观点和理由总是结伴而行的思考习惯。

养成论理的习惯后，就可以开始运用第二个观念："越好的理由，就越可能是对的。"除了练习找到理由之外，还要继续寻找更好的理由，并且学习比较谁的理由更好。这个比较好坏的环节可以先诉诸直觉。人的逻辑直觉其实在很大程度上可以判断理由的好坏，但对于某些难分高下的推理来说，需要学习逻辑学才

能进一步分析清楚。逻辑学的难度较大,若有兴趣,可参考相关专门书籍。

第三个观念,"无论理由有多好,都可能是错的"。对于没有标准答案的问题,这是一个重要的思路。这个观念,也契合了生活中重要的思考法则之一,即"合理的不一定就是正确的"。无论我们已经找出多么合理的理由,背后仍旧隐藏着错误的危机。因此,产生了第四个和第五个观念——"很会思考的人,也有可能犯错"以及"无论现在已经有了多好的理由,一定还有更好的理由还没被发现"。

这几项是属于论理的基本观念,如果可以牢记在心,并且依据这些基本观念实践,除了可以让思考能力不断精进之外,还能尽量(也只能尽量)避免因过度自信而导致不当后果。当然,论理的依据也很重要,如果使用错误的知识,再会论理也没用。所以,只有

具备丰富的知识,才能让好的论理能力发挥作用。家长具备了好的论理素养,自然就可以随时培养孩子的论理素养。

除了强调论理与知识的重要性之外,本书也探讨了"遇见两难困局该怎么办?",关于说谎、爱护动物等问题的品德思辨,也对生活中可能遇到的一些值得思考的问题进行了讨论,并且提出了一些在生活中需要牢记在心的思考法则,如前面谈到过的"合理的不一定就是正确的",其他还有"原因不一定是这样的""任何事情都是有可能的""看不见不代表不存在"等。但本书的设计重点在于培养和提高孩子的论理能力,而不在于记住这些思考法则,所以在此着墨不多。我过去几本儿童故事集的重点大多集中在思考法则。如果想要加强对这个部分的认知,可以阅读我之前的几部著作,如《哲学世界大冒险:孩子都爱读

的哲学故事书》等。

本书内容大约有一半是修改于过去已发表但尚未出版的文章。由于这几年我在学校接了行政工作,无暇继续撰写此专栏,而尚未出版的篇章不足以出版成书,所以就一直搁置。于是我利用一些空闲时间,重新整理这些篇章,强化论理的内涵及故事的趣味性,再增加"教室里有一头大象"的篇章。完成后,自己很满意,很欣喜,也期待读者们喜欢。

然而,在教孩子学习思考的过程中,最有价值的事情,是引导孩子打开智慧的眼睛,看见原本看不见的世界。这也是哲学大师苏格拉底强调的"无知之知"的智慧视野。在此视野中,世界无限辽阔,没有边界;对人的帮助,也没有极限。

要学会这种思考能力,必须从最根本的养成论理习惯和提升论理能力开始。学会论理,才能进行真正

有效的反思来发现自己的不足,避免陷入因视野狭隘而自我满足的情况。然后才能开启"无知"领域的大门,达到这个境界,也并不是从此告别思考盲点,而是看见了永远无法摆脱思考盲点的现实。欲达此境界,就要学习察觉"房间里的大象"。

"房间里的大象"这个名词很生动,意思是说某些事情很明显,却被人视而不见。这不仅包括日常生活中的一些事情,也包括我们自身的一些缺点和不足。此书中"教室里的大象"也是源自这个含义。

那么,欢迎来到哲思世界,很高兴在此与您相遇。

冀剑制

庚子(2020年)岁末于石碇大仑山上

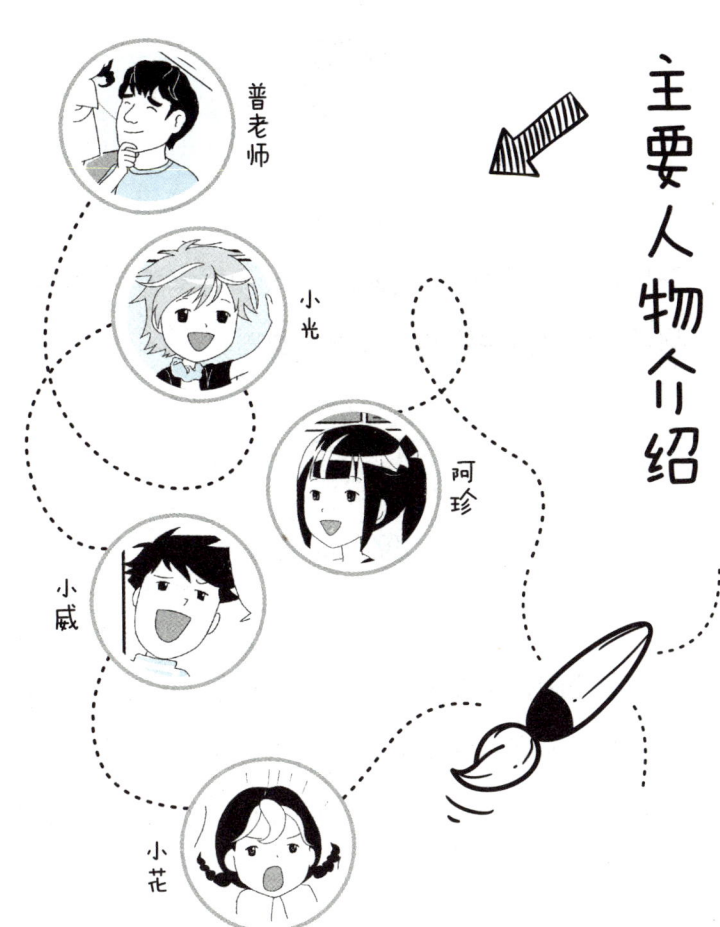

普老师

森林学园哲学思考课老师，擅长引导学生思考各种问题，很受学生欢迎。很爱护动物。

小光

爱胡思乱想，又爱探险的女生。擅长运动，比赛中常常跑第一名。父母离婚，跟着外婆一起生活。但外婆年纪大了照顾不过来，所以被送到森林学园寄宿读书。

主要人物介绍

阿珍

非常聪明又友善的女生,和小光住在同一间宿舍,很注意照顾小光。爸爸是大企业家,想锻炼阿珍独立生活的能力,所以送她到森林学园就读。

小威

不爱读书、偶尔欺负同学的男生。很聪明,常常会有出人意料的想法。

小花

喜欢和小威作对的女生,常常以反驳小威的观点为乐。

目录

序——给家长的话 ……………………………… I
主要人物介绍 ……………………………… IX

1 讲道理威力无穷 ……………………………… 1
2 寻找真理的哲学家 ……………………………… 19
3 将可怕的比赛当作冒险游戏 ……………………………… 35
4 有"运动家精神"就会变得很虚伪？ ……………………………… 45

目 录

5	爸爸就像大山一样	55
6	有关幸福秘诀的传说故事	65
7	教室里有一头大象	73
8	大象是怎么进到教室里的？	83
9	小光梦见大象小时候	91
10	跟大象同学一起上课	101
11	遇到两难困局，怎么办？	121
12	再会了，大象同学！	131
13	像仙丹一般的七彩野果	141
14	选谁当班长？	153
15	人命、狗命，比一比	163
16	最后一天有好事发生	171

思考与学习（参考答案） 185

1

讲道理威力无穷

"叮咚——叮咚，叮咚——叮咚——"上课钟声在充满浓雾的校园里响了起来，这里是北部山区的一所森林学园。校园常被雾气笼罩，总给人一种神秘感。

今天是新学期的第一天，一个手上拿着布袋的人在雾中现身，随即走进哲学思考教室。原来是最受学生欢迎的普老师，他总是在钟响时准时走进教室。正在聊天、玩耍的同学们，一看见老师进来，都赶紧坐到自己的座位上，心里期待着：今天要讨论什么有趣的问题呢？

普老师在说话之前，总是习惯性地观察有没有人看起来有烦恼。有的话，就会先问他有什么烦恼，而这个烦恼就会成为课上讨论的主题。如果没有，普老

1 讲道理威力无穷

师就会露出满意的微笑,然后说出事先准备好的讨论主题。于是他说:"秋天快到了,天气凉爽,我们今天来学习'讲道理'吧!"

最喜欢到处探险,还曾经有过许多奇遇的同学小光听了却大声喊着:"哇!我又梦见了!"同学们和老师都感到很奇怪,只有坐在旁边的阿珍微笑不语。

阿珍和小光住在同一间宿舍,所以她知道小光最近总是梦见隔天会发生什么事情。不过有时候也很难说到底是不是真的很准。例如,前几天她梦见外婆来找她,结果外婆隔天下午真的来了;但是外婆事先讲过要来,可能小光自己忘记了,在梦里才记得。又有一天,小光梦见自己在吃冰淇淋,然后隔天就去买冰淇淋吃了。

这天早上,小光醒来很苦恼。阿珍问她梦见什么,她说梦见普老师教很无聊的东西。阿珍问她普老师教

了什么,她却答不出来,只记得很无聊而已。这个梦让小光很不想上哲学思考课,不过还是被阿珍拖来了,因为阿珍很想知道这次准不准。

在大家疑惑的眼神中,阿珍就把小光的梦跟大家说了,并接着说:"也不知道是梦真的很准,还是小光被梦误导,变成不管老师教什么她都觉得很无聊。"

小光赶紧解释说:"今天这个题目真的很无聊啊!讲道理有什么好学的?还不如讨论大雾里有没有妖怪,这比较好玩。"说完,小光便开始想象着雾里有很多妖怪,而且这些妖怪都在讲道理,想到这里,她突然笑了起来,觉得这个题目好像也没那么无聊了。

大家都不知道小光在笑什么,但对小光这种行为早已习以为常,所以也不在意。但在这时,普老师却哈哈大笑起来,说:"这个梦感觉挺准的。因为大部分人都觉得讲道理很无聊啊!"

1 讲道理威力无穷

普老师这样说像是支持小光的看法，照理说小光应该会觉得很得意，可是她没什么反应，还在傻笑，继续沉浸在妖怪们讲道理的想象里。

最不喜欢学习的同学小威突然开口说："这种梦当然很准啊！因为上课都很无聊！"

同学小花一听到小威说话就想反驳他，于是说："小光又不是你！哪有人像你一样不爱上课的？"

小威自己不喜欢上课，也就不太相信有人喜欢上课，他觉得别人只是假装喜欢上课，想被当作乖小孩而已。但他也很难证明别人真的和他一样不爱上课，也就没有继续争辩。他接着又说："而且普老师说'天气凉爽，要学习讲理'，也很奇怪，因为学习讲道理跟天气凉爽又没有联系！天气很热也可以学习讲道理。"

普老师听了立刻露出微笑，并且认同般地点了点头。

其实很多同学也都这么认为。

虽然小花也觉得这样说没错,但还是想反驳小威。可是她又想不出要怎么反驳,只好随口说:"当然有联系啊!只是你不懂而已!"实际上她也不知道有什么联系。

"那有什么联系?你说啊!"小威不高兴地追问。

小花还是想不出来,只好"哼!"一声,把头撇过去,假装出一副知道却不想说的样子。普老师便笑了笑问:"有没有人可以说出一个好理由呢?究竟天气凉爽和学习讲道理有什么联系?"

最聪明的阿珍想了想,便说:"学习讲道理比较无聊,所以趁着天气凉爽、心情比较好的时候来学,这样就不会觉得太枯燥乏味了。"

小花听了觉得很有道理,就得意地对小威说:"看吧!就只有你不知道。"同学们听到小花这么说,也

1 讲道理威力无穷

赶紧点点头假装自己原本就知道。小威也觉得有点儿道理，一时之间也不知道该如何反驳。

普老师接着说："说得很好。看！这就是讲道理，本来看起来没有联系的事情，讲了道理就变成有联系了，也会让大家觉得很有说服力。学会讲道理，讲话就比较容易让人信服。"

同学们纷纷点头："原来如此！讲道理果然很重要啊！"

这时回过神的小光却说："可是讲道理很简单啊！我早就会了。所以才会觉得讨论这个问题很无聊！"

普老师摇摇头说："讲道理其实是很难的，而且没有真正学成的一天。因为，学习讲道理就像学画画一样，无论画多好，总会有缺点。所以，不管多会讲道理，都可能会出错，而且我们总是可以找出更好的道理。"

小威听到后就故意找碴儿说:"那老师不是也会错?这样还可以教书吗?"同学们听了纷纷反对说:"怎么可能!""没礼貌!""老师这么厉害怎么可能会错!"同学们对小威的批评声浪一阵阵传来,让小威有点儿不服气地扭过头去。

可是普老师却笑了笑说:"我当然也会错啊。"

大家听了都吓了一跳。阿珍想了想,觉得人偶尔也会有疏忽,就像买东西时店员偶尔也会找错钱一样,这种错误应该很容易被发现吧。所以她接着说:"可是如果老师不小心一时错了,马上修正不就好了,修正后就不算错了啊。"

普老师摇摇头回答:"问题就在于:有时错了自己都没发现,就像刚迷路时,还误以为自己走在正确的路上。如果连方向都弄错了,必然会一错再错、越错越严重,等到发现时都不知道已经错得多离谱了。

1 讲道理威力无穷

这是很可怕的！"

"天啊！连老师都会这样吗？"阿珍问。

"这种可能性永远存在，所以不管多会思考，多有自信，都需要谨慎小心。尤其是当别人反对自己的看法时，就要特别留意自己是不是错了。"普老师说。

"会错还能当老师吗？"小光很疑惑地问。小威听到小光支持自己的想法，在一旁很得意地附和："对呀！对呀！老师会教错那还不如不来上课！"

遇到学生的挑战，身为哲学家的普老师不仅没有生气，还很高兴地解释："只要能教很多正确的知识，就有资格当老师。只不过，除了老师自己要小心不要弄错之外，学生也不要把老师说的话全部都当成真理，还是要思考一下，如果觉得有些奇怪，或是不赞成，就要提出来，这样也可以防止学到错误的知识。"

不爱上课的小威听了普老师的话之后，灵机一动，

立刻又想到一个可以不用上课的理由,于是说:"反正不管有没有学习思考都会出错,那就不用学习思考了啊!我们提早下课去玩好了!"

普老师又摇摇头说:"学习思考最主要的价值在于能够减少这种错了都不知道的情况发生。思考能力越强,这种事情发生的机会就越小。这就是学习思考和学习讲道理的用处。"

普老师看着大家,好像每个人都认同了,高兴地接着说:"更会思考的人,比较容易找出更好的道理。如果有人总是能够说出更好的道理,就更有说服力,不管做什么都会很顺利!"

普老师说完后,没有人再提问题。就连小威好像也被说服了。果然会讲道理真的有用。于是普老师说:"那么,我们现在就来练习讲道理吧!"

普老师说完,便把手上一直拿着的布袋放在讲台

1 讲道理威力无穷

上，很多同学从上课一开始就注意到这个奇怪的布袋，也很好奇里面装了什么，只是一直没机会问。同学们正等待着普老师说明时，普老师却反问大家："猜猜看里面装了什么？"

"这怎么猜啊！又没线索。"同学们纷纷抗议。但普老师要大家自己找线索。

"哈哈，里面装了大便。"喜欢胡闹的小威开玩笑乱说。

小威说完，大家都哈哈大笑。

但普老师没有笑，还很认真地回答小威："任何事情都是有可能的。所以，的确有可能是大便，但我们要练习讲道理，所以不管提出什么观点，都一定要说出理由。究竟有什么理由可以支撑'里面是大便'这个观点呢？"

看见普老师这么认真地回答，小威不好意思说自

己其实是乱说的,只好摆出一副很认真思考的样子,想了想说:"这个布袋是老师带进教室的,可能是老师在来学校的路上发现了狗大便,所以就用树枝夹起来,放进随身携带的布袋里。"

"嗯!说得好。"普老师鼓掌,并对着同学们说:"没说道理之前,大家会觉得这个答案是乱说的,可是有了理由支撑,就会让人觉得这也是有可能的。这就是讲道理的好处。越会讲道理的人,就越能说服别人,也越能找到最合理的答案。"

同学们听了觉得很有道理,也开始认真思考布袋里面究竟是什么。

这时,阿珍突然举手说:"老师,那不是狗大便,因为没有闻到臭味。"

小光却摇摇头说:"狗大便干掉就没臭味了啊。"

"可是狗大便干掉就不用捡了,因为踩到也没

1 讲道理威力无穷

关系，不会弄脏鞋子。所以老师不会去捡干掉的狗大便。"阿珍回答。

普老师笑了笑说："有道理，这个理由很好。这么一说，大家又觉得布袋里不是大便了。这就表示阿珍的道理比小威的道理更好。所以，学习讲道理，并不是只要找一个合理的解答就好，而是要学习如何找到更好的道理。"

"原来如此。"小光似乎领悟了。于是想了想，说："老师，我觉得布袋里是一堆零食。"

普老师笑了笑说："理由是什么呢？"

小光回答："因为老师常带零食请大家吃，而且布袋里的东西看起来很多，老师怎么会去捡这么多狗大便呢？就算去捡，也不会带进教室。既然带进教室了，应该是老师故意带进来，而且会用得着的东西，可是形状又不像是上课用的教具，看上去更像是一堆零食。"

　　普老师点点头说："这样更合理了。虽然合理的不一定是正确的，但越合理，就越可能正确。"说完就把布袋里的东西"哗啦啦"地倒在桌上，果然是一堆饼干和糖果。竟然被小光说中了。大家"哇！"的一声，都惊讶地鼓掌叫好。阿珍也说："这么难的问题也能猜中，真是太厉害了。"

　　小光也觉得自己很厉害，非常得意。可是又很不好意思地说："没有啦！是因为我有点儿饿了，想吃东西，所以才想里面会不会刚好就是零食呢？"

　　小光说完，大家又笑了。"原来是这样！还真是心想事成啊！"阿珍则看着小光，很不可思议地说："你不是刚吃完很多早餐吗？怎么这么快又饿了？"小光听了难为情地傻笑，表示自己也不知道为什么这么能吃。

　　这时，第一个跑上前拿糖果的小威发现零食堆里

1 讲道理威力无穷

　　有张广告传单,"咦,这是什么?"接着念出上面的几个字:"马戏团表演……"但小威还没念完,普老师就将传单拿回去了,并笑着说:"哈哈!原来是掉到袋子里了。"

　　普老师把广告传单收好,放进口袋里却什么也没说。混乱中,大家也没特别注意,都忙着寻找自己喜欢的零食。但阿珍却觉得很奇怪。因为普老师是最爱护动物的人,怎么会对马戏团表演有兴趣呢?而且普老师的反应也很奇怪,好像很怕别人看到一样,她觉得其中一定有什么奇怪的内情。

　　下课回寝室的路上,阿珍对小光说:"你应该梦到今天上课袋子里的东西才对啊!感觉这件事情比较重要,而且后来这个课也变得不无聊了,所以梦还是不准的。"小光想了想便说:"可是一开始真的觉得很无聊啊,这还不准吗?"

1 讲道理威力无穷

阿珍笑了笑说:"这样就变成<u>对号入座的思考</u>了。你会去找准的地方来跟梦里的内容配对,如果你梦到今天的课很有趣,就会去想今天上课好玩的地方,那不也很准吗?"

小光听了觉得很有道理,可是又觉得不是这样;但也说不出个所以然来,所以只好暂时先不管了。

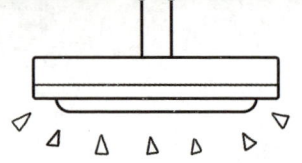

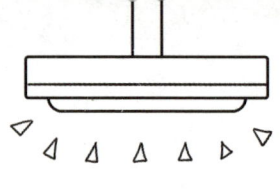

思考与学习

1. 如何培养讲道理的能力呢?
2. 什么是"心想事成"?
3. 为什么"合理的不一定是正确的"?为什么要记住这个观念呢?
4. 试着举举其他例子说明"对号入座的思考"。

参考答案
请见第 186 页至 189 页

2

寻找真理的哲学家

秋天近了,山上气候多变,小光早上起床时打了一个喷嚏,阿珍让小光赶紧穿好衣服。小光说她打喷嚏不是因为天气变冷,而是做了一个梦,梦见有个同学很讨厌。

阿珍笑了笑说:"原因不一定是这样。没听说过有人做了不好的梦就会打喷嚏的,还是赶紧穿好衣服吧!"小光虽然仍觉得是做梦所导致的,但还是把衣服穿好,和阿珍一起吃早餐后前往哲学思考教室。

最近学校感冒的人越来越多,为了防止感冒病毒继续扩散,学校规定老师和学生上课时都要戴口罩。但在哲学思考课上却有一个例外。小威坐在教室里,很得意自己没戴口罩,还一直嘻嘻哈哈地笑别人

2 寻找真理的哲学家

戴口罩看起来像蒙面小偷。"嗨!蒙面小偷小花,早安!""蒙面小偷小光,你好!""蒙面小偷阿珍,吃饱了没?""哈哈哈……"

小光便偷偷跟阿珍说:"你看!我的梦好准!"

阿珍笑了笑却没说什么,心里想:如果这样也算准的话,那这种梦是一定准的。这也是对号入座的思考,因为每天都可以找到某位同学做了不好的事情,然后把它跟梦连起来,这样就会觉得梦很准了。

这时,小花生气地走向小威,骂他是害群之马。

"为什么没戴口罩就是害群之马呢?"小威这次不但没生气,还摆出一副很疑惑的样子:"咦?怪了,为什么呢?有什么道理吗?普老师说不管是什么观点,都要讲道理,那你的理由是什么?没有理由就是无理取闹。"

小花还没养成提出观点前先想好理由的习惯,她

没想到小威这么快就可以学以致用了。小花突然被要求讲道理，有点儿紧张，得赶快想自己的理由是什么，以免被骂无理取闹。想了想，她说："没戴口罩就会害别人染上感冒，害了别人就是害群之马！"

小威一听就哈哈大笑，原来他早就预料到有人会这样说，已经准备好一套说辞来反驳这个观点了。他一笑完便很得意地说："因为你们都戴口罩了，所以就算我得了感冒也不会传染给你们。因此我根本就不用戴口罩，也不是害群之马！"

小花听了吓一跳，原本觉得很有道理的话突然就被推翻了，一时不知道该如何反驳，只愣愣地僵在那里。小威见小花说不出话来，就更高兴地说："蒙面小偷小花讲道理失败！哈哈哈。"

小光在旁边立刻插话说："可是不戴口罩容易被传染感冒，这样也很不好！"

2 寻找真理的哲学家

小威听到后,立刻很得意地反驳说:"你们都戴口罩就不会传染给我了,所以根本不用担心。蒙面小偷小光讲道理也失败了!哈哈哈。"原来小威也早就想好该如何回应这个说法,所以他越讲越得意。

小花和小光都很生气,可是又找不出小威的说法有什么问题,只好忍着不说话。

阿珍并不会因为讨厌小威这种态度就一定要推翻他的推理。她仔细想了想,觉得这种说法听起来还挺有道理的,于是说:"对呀,如果只有一个人不戴口罩,好像是没问题的,这样就不是害群之马了。"

听到最聪明的阿珍也这样说,小威更得意了,觉得自己想到的这招实在是太高明了。

"可是……"阿珍想了想,接着说,"因为戴口罩不舒服,所以如果可以有一个人不用戴口罩的话,那只有小威不戴口罩有点儿不公平,应该轮流不戴口

罩才行。"

"因为是我想到这招的,所以我可以不用戴口罩,这样很公平。"小威赶紧说。

"不对!要轮流才公平。"大家纷纷这么说。

听到大家都支持阿珍,小威有点儿紧张,赶紧说:"那为什么要轮流才公平?你们要说出道理才行!这才符合讲道理的精神。"小威又拿出普老师的话来要求别人讲道理了。

小花一时想不出要怎么讲道理,便直接说:"不对!为什么最先想到这招的人就可以不戴口罩?你要先讲道理才行!"小花也用普老师的话来反驳小威。

小威想了想,想不到自己可以不用讲道理的理由,只好接受小花的挑战。他说:"因为我最先想到这招,说明我最聪明,所以我可以不用戴口罩。"

小光听了立刻反驳说:"如果最聪明的人可以不

2 寻找真理的哲学家

用戴口罩,那阿珍最聪明,所以是她不用戴口罩,又不是你。"

"对呀!对呀!"同学纷纷赞成小光的推理。

因为阿珍是大家公认的班上最聪明的学生,小威一时之间也不知道该怎么反驳,便很后悔说了刚才的话。如果没想清楚就讲了一个不好的道理,真是比不讲还糟糕。那该怎么办呢?小威绞尽脑汁地想着,觉得要赶快再讲点别的道理来挽救才行。可是又想不出好道理,只好反问:"为什么只让我讲道理?你们也要讲道理才可以说明'为什么要轮流才公平'!"

阿珍想了想便说:"切生日蛋糕时,要平均分配大小块,使每个人都有份儿,这样才公平;值日生也是要轮流做才公平。所以大家轮流不戴口罩才是公平的。如果第一个发现蛋糕的人就吃完所有蛋糕,或是有人发现少一个人打扫卫生对环境清洁没有影响,然后就

不打扫卫生了,这对其他人而言,也都是不公平的。"

阿珍说完,大家都鼓掌,觉得阿珍真会讲道理。小威一时也想不出道理来反驳。

就在这时,上课钟声响了,普老师走了进来。小威就请普老师评评理。

普老师说大家很会学以致用,都越来越会讲道理了。只要大家都习惯讲道理,就可以减少纷争。但是,除了会讲道理之外,知识其实也很重要。正确的知识加上合理的推理才能得出正确的结论。

普老师接着说:"关于戴口罩的问题,大家都有一个错误的认识,就是误以为戴了口罩就没有传染与被传染的风险了。其实就算两个人都戴了口罩,还是有可能会互相传染的,只不过传染的风险降低了。所以,如果有人不戴口罩,就算只有一个人,这个不戴口罩的人传染和被传染的风险都会提高。为了让传染

2 寻找真理的哲学家

风险降到最低,所有人都要戴口罩。这样就没有'谁可以不用戴口罩'的问题了!"

"原来如此。"小光点点头说,"如果起点是错误的,那再会推理也没用,所以拥有正确的知识和讲道理的能力是一样重要的。"

"没错!没错!"普老师很满意地点头微笑,然后又接着说,"就像古时候的人以为瘟疫是山神发怒造成的,所以在瘟疫发生时,他们都在思考如何让山神息怒。如果一开始就弄错方向,那再怎么会思考也没有用。"

说到这里,普老师停顿了一下,看着班上同学们都聚精会神、很有兴趣的样子,接着说:"可是确保知识一定正确,有时候是很难的,就像有人想要寻找真理,但他又要如何找到真理呢?"

普老师突然觉得这个讨论主题很好,便说:"那

2 寻找真理的哲学家

我们今天就试着来寻找真理吧。"大家听了都很兴奋，觉得这是一件很了不起的事情。但思考了一会儿后，就立刻蔫了。因为这听起来虽然很酷，但根本不知该如何寻找。

小威很快就提出疑问："什么才算是真理呢？"

小花终于找到机会和小威唱反调："真理就是永远不变的道理啊，这么简单都不知道？！"

"问得好，也答得很好。"普老师说完接着问，"那我们要如何寻找永远不变的道理呢？"

"因为是正确的，所以不会改变。"阿珍说。

普老师点点头又继续问："可是要怎样确定一件事情一定正确的呢？"

"只要是不会错的，就是一定正确的。"小光很快回答。

小光说完，大家都笑了，因为这感觉就像在说废

话。可是普老师却张大口，很惊讶地鼓掌说："哇，太厉害了！差一步就到哲学家的境界了。"

小光听了又高兴又得意。但同学们都觉得很奇怪，纷纷举手发问。普老师知道大家要问什么，直接解释说："要主张一件事情是正确的，要有依据，且必须先说这个依据是正确的才行。但要说这个依据正确又要有其他依据，就又要先说第二个依据是正确的，这样就会没完没了，永远无法找到真理。可是从反面来看，如果可以主张一件事情一定不会错，就可以证明这件事一定是正确的了。所以这里改变思考的角度很重要，如此才有可能找到真理。可是这样还没完，下一个问题是，要怎样才能判断一件事情一定不会错呢？"

大家想着，都没有头绪。

普老师提示："听到一个新闻的时候，如果想知

2 寻找真理的哲学家

道这个新闻是不是假新闻,要如何思考呢?"

"看到信息要先试着怀疑,想想看有没有可疑的地方,不要立刻相信。"阿珍记得之前上课时普老师曾经教过这种怀疑精神。

普老师听了便一副很高兴的样子。学生认真听课,记得老师所讲的内容,老师就会很有成就感。如果老师教完学生转身就忘,老师就会觉得心血都白费了,就好像刚扫完地,地上又掉满树叶一样。所以,普老师高兴地鼓掌说:"没错,要先怀疑。也就是说,任何事情只要可以被怀疑,就有可能是错的。"

小威听了摇头说:"可是什么事情都可以被怀疑啊!只要想怀疑就可以怀疑。我还可以怀疑普老师是外星人,哈哈。"

"我也可以怀疑小威是 NPC[①]。"小花说完也学小威哈哈大笑。

"我也可以怀疑小花是流浪动物。"小威不甘示弱地边笑边说。

突然间,整个教室大家都在玩"我也可以怀疑……"的游戏。

过了一会儿,普老师才开口:"没错,你们刚刚说的,确实都可以怀疑,可是,有没有什么是不可以怀疑的呢?"普老师一说完,大家就开始叽叽喳喳地讨论,但最后还是没人能想出来。

然而,普老师并没有公布答案。他说:"这是一个很有趣的问题,值得慢慢想。几天、几个月,甚至是几年都没关系。思考是很有意思的一件事,就算没

[①] 在电脑游戏里虚拟的非玩家角色。

2 寻找真理的哲学家

有想出好的答案,也可能会生出其他想法。以后有谁想到随时都可以提出来。"

同学们虽然没听到答案有点儿失望,但既然普老师这么说,就都期待自己可以想出好玩的解答。

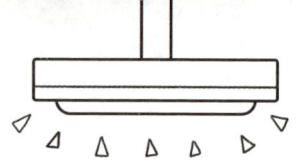

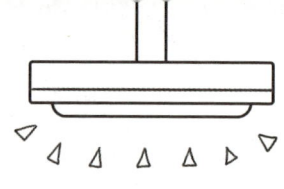

思考与学习

1. 什么是"害群之马"？为什么不要做害群之马？

2. 什么是"无理取闹"？怎样避免无理取闹？

3. 什么是"学以致用"？学以致用有什么好处？

4. 我们可不可以怀疑书本上的知识呢？

参考答案
请见第 190 页至 192 页

3

将可怕的比赛
当作冒险游戏

在某一天的哲学思考课上,同学们想了很多问题,觉得很累。普老师便提议大家一起玩游戏运动一下,这样有助于恢复脑力。他说:"我们来比赛,看谁可以用一只脚站最久。赢的人有奖品,输的人没有处罚。谁要参加呢?"

赢的有奖品,输的没处罚!这不是稳赚不赔的吗?全班同学想到这里,都踊跃举手说要参加比赛。一开始,所有人都金鸡独立站得很好,都很有信心,但几分钟后便一个个东倒西歪,哈哈大笑,玩得很开心。最后,小光获胜了。小威第二名。小威在撑到最后站不稳、摇摇晃晃快跌倒时,不甘心地大喊:"赢的人是'独脚仙'!"但小光并没有受到影响,还是赢得

3 将可怕的比赛当作冒险游戏

了比赛。比赛完，小花批评小威没有运动家精神。

普老师说："是的，输的人虽然心里很不舒服，但要学习运动家精神，不要骂人，要接受失败。"说完他从袋子里拿出一包准备好的礼物给小光。大家都很羡慕，很想知道里面是什么东西。当小光高兴地正要打开时，普老师却说："现在先不要打开，等下课后再打开。"原来里面是一款新的桌上游戏，普老师怕小光打开之后大家就都想玩桌游而无心上课了。况且，普老师还打算再讨论一个有趣的问题。

颁完奖品，普老师接着说："下个月有个演讲比赛，赢的人有奖品，输的人没有处罚。谁要参加呢？"

说完后，教室里一片静悄悄的，大家你看我，我看你，没人参加。

普老师早就料到会有这种情况，还故意露出疑惑的表情说："奇怪了，怎么会这样呢？金鸡独立比赛

和演讲比赛都是有奖品没处罚，条件都一样，为什么大家的反应相差这么大？"

大家又你看我，我看你，都觉得有点儿奇怪：刚才金鸡独立比赛时听到"赢的有奖品，输的没处罚"就觉得一定要参加，但为什么碰到条件一样的演讲比赛就不想参加了呢？

小威首先说："因为演讲比赛很可怕。"

阿珍也说："因为演讲比赛输了很丢脸。"

小光接着说："因为演讲比赛很难。"

小花说："因为演讲比赛要面对很多人。"

普老师听了点点头说："原来如此！"但接着又问："金鸡独立比赛也不容易，而且也要面对很多人，为什么不可怕？为什么会让大家觉得输了不丢脸呢？"

大家又你看我，我看你，也都觉得很奇怪。"对啊！为什么会这样呢？"

3 将可怕的比赛当作冒险游戏

阿珍想了想举手说:"是不是因为感觉演讲比赛很正式,参加的人都很有实力,如果实力不够就会很丢脸?"

普老师鼓掌说:"阿珍分析得很好。"接着又问:"会丢脸是因为觉得表现不好会被别人看不起吗?"

阿珍想了想,认为是这样。同学们也认为是这样。小光说:"对啊!因为参加金鸡独立比赛就算是最后一名也不会怎么样,所以不会担心,好玩就好了。"

普老师说:"小光也说得很好。"

小光听了很高兴。

普老师又问:"如果有人演讲比赛表现得不好,你们谁会看不起他呢?"

大家又被问倒了,你看我,我看你,都觉得参加比赛就已经很有勇气、很厉害了,就算参赛人表现不好也不会看不起他,所以都默默地摇头。

普老师笑着说:"既然你们都不会看不起在演讲比赛中表现不好的人,那么为什么会担心自己表现不好而被别人看不起呢?"

"对啊,好奇怪呀!为什么会这样呢?"小光疑惑地说:"如果把演讲比赛当作冒险游戏来玩,是不是就跟金鸡独立比赛一样有趣了呢?"

普老师微笑着说:"是不是呢?"

普老师接着说:"其实就像参加金鸡独立比赛一样,很多尝试都是稳赚不赔的,赢了有奖品,输了也可以学到很棒的生活经验,不仅没有处罚,还很有收获,不去做就太可惜了。但很多人缺乏勇气而选择逃避。只要仔细想一想,这些事情感觉很可怕,但并没有坏处,也没有任何危险,所以可怕只是错觉。"

"但有些事情可能真的有坏处,像是跟不认识的网友出去玩。"阿珍想起最近看到的有人去找网友结

3 将可怕的比赛当作冒险游戏

果被关起来的新闻。

普老师听了很高兴地点点头说:"没错!有些事情是真的有危险,这种可怕的事要特别注意。忽略了真正的危险,就会带来祸害。而且,有时候不觉得这种危险的事情可怕,反而更危险。"

小花听了突然觉得很害怕,因为她之前就曾跟网友见面,还好没遇到坏人。于是小花问:"那要怎么区分有危险的可怕和没有危险的可怕呢?"

普老师回答:"其实不难。如果赢了有好处,输了没坏处,就是没有危险的可怕。去见不认识的网友,如果赢了,就可以交到朋友,算是赢了有好处,可是万一遇到坏人,就是输了,那输了就会有坏处了。这类事情就必须非常小心,而且为了预防自己考虑得不够周全,还要多问问思考能力比较强的人,这样才比较保险。"

同学们听了都很赞成,纷纷表示以后要多尝试那些感觉很可怕但实际上没有坏处的事情。如果有机会参加比赛,一定要好好把握机会,不管输赢都有收获。但对于可能有坏处的事情,不管可怕或不可怕,都应小心为妙。

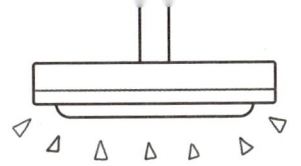  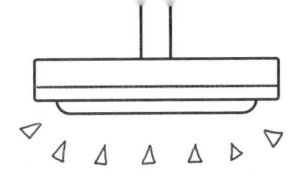

1. 想一想为什么金鸡独立比赛很好玩，演讲比赛却很可怕？下面哪个（或哪些）理由比较合理？除了这些理由，还有没有其他更好的理由？

A 因为演讲比赛的对手比较厉害。

B 因为我们对演讲比赛有错误的认识，误以为讲不好会被看不起。

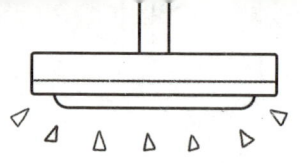

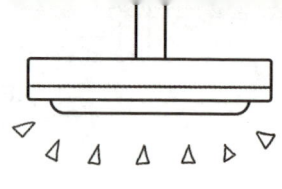

C 因为演讲比赛有很多人在看。

D 因为演讲比赛不是玩游戏。

2. 参加比赛时会紧张，害怕表现不好，为什么会这样呢？而且越紧张，反而表现越差，该怎么办才好？

参考答案
请见第 193 页至 194 页

4

有"运动家精神"
就会变得很虚伪?

　　昨天小威玩游戏输了，就生气地说小光是"独脚仙"，结果被同学们批评"没有运动家精神"。

　　下课后，小威越想越觉得不对劲，认为这种"运动家精神"很奇怪，难道我输了，还不可以生气，还一定要祝贺对手吗？他想起普老师曾经说过："不说谎是很重要的一种习惯，养成这种习惯，就会产生一种让人信赖的气质。说谎话被发现后不仅很丢脸，还会丧失别人的信赖，很不值得。"

　　所以，今天上课时，小威便提出质疑："比赛输了很生气。为什么输了还要假装很高兴呢？这样不是很虚伪吗？要做诚实的人就不要假装有运动家精神。"

　　同学们听了都觉得小威无理取闹，因为输了骂人

4 有"运动家精神"就会变得很虚伪？

就是没风度啊！但普老师却点点头说："没错！这是一个很重要的问题。表达真实感受也很重要。那么，我们今天来思考这个问题吧。"

阿珍听了很不以为然，便说："有时就应该'说谎'。就像听到有人唱歌很难听，不可以直接说人家唱歌难听，而要说唱得还可以才对。这是做人的基本礼貌。"

阿珍说话的时候，小花偷偷指着小威。看到的同学都在偷笑，小威发现后说："我唱歌哪里很难听！"小花回答："对啊，你唱得还可以！"同学们笑得更大声了。阿珍也说："看吧！这样讲确实比较不伤人啊。"

普老师微笑地说："嗯，有道理！"

听到普老师这么说，大家纷纷提出意见："小威和阿珍说的刚好相反，不可能都是对的啊！"尤其是小光把意见表达得最清楚："生气骂人很诚实，可是

这样没有运动家精神;有运动家精神就会变得很虚伪。所以,诚实和运动家精神是矛盾的吗?那到底哪一个才是正确的呢?"

普老师很惊讶地说:"哇!小光分析得很有道理!"

小光听到自己被赞美非常高兴,可是这样一来同学们都一头雾水了。"天啊!这是怎么回事?"同学们叽叽喳喳说个不停,都在讨论"如果大家都对,那究竟是谁错了呢?"。

普老师挥挥双手,请大家少安毋躁。他说:"这就像是吃冰淇淋一样,到底吃冰淇淋应该快快吃,还是慢慢吃呢?"

"要慢慢吃,这样才能吃很久,才不会觉得怎么一下子就没了。"小光立刻回答,因为她每次都吃很快,吃完后看见别人还在吃就很羡慕。

4 有"运动家精神"就会变得很虚伪？

可是平常都吃得很慢的小花却说:"要吃快一点儿,不然冰淇淋融化就不好吃了,而且还会沾到手上。"

普老师鼓掌说:"两人都说得很好,也都正确。"接着又说:"吃快和吃慢是矛盾的,可是都很有道理,大家想想看,为什么会这样呢?"

聪明的阿珍领悟力最高,她想了想说:"因为要看情况。有时要快,有时要慢。如果太阳很大时,就要吃快一点儿,反之就可以慢慢品味。"

"如果赶时间也要吃快一点儿。"小花补充道。

"如果不怕沾手,也可以吃慢一点儿。"小光还是觉得可以吃久一点儿比较好。

听到小光这样说,阿珍也觉得有道理,又说:"还是要看个人喜好才行。"

小威发现这个想法刚好可以用在自己的主张上,

4 有"运动家精神"就会变得很虚伪？

趁机说:"对呀！要看个人喜好。我个人不喜欢运动家精神，就不用遵守了！"

喜欢跟小威作对的小花立刻回答："你不喜欢也没用，因为如果你没有运动家精神，就会被别人讨厌。"

小威不甘示弱："我不担心被别人讨厌，所以没关系。"

"你明明很在意，不然就不会提出来讨论了。"

"哪有！我一点儿都不在意。"

普老师哈哈大笑，接着说："所以，很多事情不能只是简单地依照规则做，而是要考虑更多不同的情况，随时调整到最佳的处事方式。这是很难获得的人生智慧。思考越多，就能做得越好。就像说谎不好，但是不是有些时候可以说些善意的谎言呢？就像输了比赛时虽然心里很生气，但假装不生气，甚至还去恭喜别人，这种运动家精神虽然看似不诚实，但是不是

比直接表达自己的情绪要更好呢?"

"看来诚实并非一定就是好事啊!"小光有所领悟地说。

普老师接着说:"没错!并没有'怎样就一定是好事'这种简单的规则。有些时候,规则会遇到特殊的情况,所以只是依据规则处事其实是肤浅的做法。"

普老师想了想,又补充说:"不过,诚实真的很重要,不是觉得可以说谎就说谎,而是如果可以不说谎就不该说谎,诚实是非常重要的。"

"那除了诚实和运动家精神之外,是不是还有其他例子呢?"阿珍举一反三,想知道还有没有其他规则也是需要多思考的。

普老师很高兴地说:"举一反三是很重要的能力,大家都要学习。"接着说:"举例来讲,守时很重要,跟人有约时,要准时到达,不要迟到。这样做既尊重

4 有"运动家精神"就会变得很虚伪？

对方,又能够避免让对方等待。可是,如果不巧刚好被很重要的事情耽搁了,只有在街上骑快车才能避免迟到,这时就应该以安全为重,不要冒险骑快车,不然容易导致更糟的后果。这时安全就比守时更重要。"

阿珍点点头,高兴地说:"原来如此。那就是要多方考虑之后找出最好的处事方式,而不是依据简单的规则思考。"

普老师鼓掌说:"对!每个事件背后都有不同的考虑因素,我们需要考虑各种情况,然后找出最合理及最好的解答。这也就是为什么养成讲道理的习惯,以及培养讲道理的能力很重要了。"

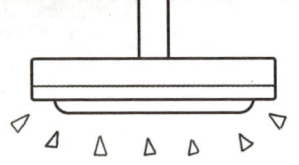

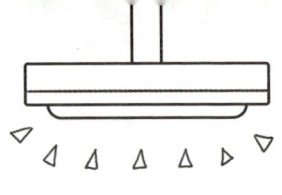

思考与学习

1. 什么是运动家精神？
2. 想想看有没有"说谎"反而是好事的情况？
3. 学生放学后应该把作业写完，想想看在什么情况下可以暂时不写作业？

参考答案
请见第 195 页至 196 页

5

爸爸就像大山一样

　　每年十月，学校都会举办一年一度的越野跑比赛。同学们在比赛中必须克服高度落差很大的坡道的挑战才能完成比赛，非常辛苦。但因为困难，所以很有挑战性，也很令人期待。今年究竟能不能跑完全程呢？谁会赢得胜利呢？这些是大家每年都会想的问题。小光转到这所学校还不满一年，所以是第一次参加比赛。同学们都在想小光会不会得第一。

　　很期待比赛的小光在早上醒来后却露出一副非常迷惘的神情。阿珍问她是不是做了什么奇怪的梦，小光说："我梦到今天会发生一件很重大的事情。"

　　"会不会是你今天能跑第一呢？"阿珍高兴地问。

　　小光却摇摇头，说："不是的，好像是一件不该

5 爸爸就像大山一样

发生的事情,而且有人会为这件事情后悔道歉。可是又不知道会发生什么事情。"

阿珍其实并没有把小光的"预知梦"放在心上,但希望梦不会影响小光的比赛,所以便安慰她说:"没关系,反正只是道歉而已,没什么大不了的。"

小光点点头,就没多想了。

....

一声枪响,比赛开始,小光很快冲了出去,没多久便超出了跑在最前面的几位同学,一枝独秀。如果能持续下去,就很有希望夺冠。但她才转过第一个弯道,就看到远方有一只穿山甲,一瘸一拐地走进树林里。

"穿山甲受伤了吗?"小光一边跑一边想,最后觉得帮助穿山甲比较重要,索性就不管越野跑比赛了。她偏离了原本的路线,进入树林里,东张西望,却没看到穿山甲,只好沿着山中小路往前走,四处寻找。

　　普老师跑在后面因而没看见穿山甲,只看见小光不知为何跑进森林里,他有点儿担心,便跟了过去。后面几位同学看见普老师跑进森林里,觉得好奇,也跟着跑了进去。阿珍突然想到小光的梦,担心会发生什么事情,更是加快脚步追了上去。其他人则只是注意到有人脱队,看了一眼后,仍旧继续往前跑。

　　小光一路上都没找到那只穿山甲,走着走着,不知不觉就穿出了森林。突然间,眼前视野无限延伸,眺望远方高山深谷,心也跟着开阔起来。

　　"大山静静躺在那边,好像什么也没做,但它储存雨水,滋养万物,让生物拥有安心依赖的地方。"普老师跟在小光后面走出森林,看见大山,便说出了这段话。小光听到声音一回头,发现大家都跑来了,便得意地说:"我是第一个发现这里的。"

　　普老师微笑着点点头,接着说:"你们觉得大山

5 爸爸就像大山一样

是不是跟什么东西很像呢?"

站在旁边的阿珍听到普老师的话后很快回答:"像房子。"说完,发现普老师看着她没说话,像是在等待她再多说些什么。阿珍反应很快,突然想到应该说出理由才对,所以赶快补充:"因为房子是让人安心居住的地方。"

普老师很满意地点点头,说:"学得很快!你已经慢慢养成讲道理的习惯了。"

小花也跟着说:"大山像书本一样。"还没等普老师暗示就赶紧说出她的理由:"因为读书可以让人安心,也可以获得成长的养分。"

普老师鼓掌,称赞大家都越来越会讲道理了,同时提示可以再想想看是不是有更好的答案。

见阿珍和小花被称赞,小光也想说些什么,可是怎么想都想不到,只好放弃了。

5 爸爸就像大山一样

一群人边聊边往回走,然后继续未完成的比赛行程。当然,耽搁了这么久,估计不可能会获得好的名次了,若想得第一,只能明年再试试看了。对阿珍来说,原本担心到山里会发生什么大事件,但后来大家都平安从山里走回来,她就感到很满意了。

越野跑比赛结束后,小光和阿珍一起去商店买冰淇淋。排队时,前面有对游客夫妻在吵架。因为太太买冰淇淋时要丈夫抱一下孩子,丈夫抱不好把孩子弄哭了,太太赶紧把孩子抱回去,顺手将买好的冰淇淋交给他,但丈夫又不小心把冰淇淋弄掉在地上。太太很生气,一直骂他是"猪队友"。

小光想起小时候妈妈也常骂爸爸是"猪队友",说他什么都不会,什么都做不好,也不关心家里,还很少帮忙带孩子。可是,小光最喜欢窝在爸爸身边,感觉很安心。这时她突然想到,动物们喜欢窝在山里面,

就像她喜欢窝在爸爸身边一样。爸爸看起来什么都没做，可是默默付出，让家人温饱；虽然很多事情做不好，但有颗包容家人的心，让每个人都能够安心成长。

"对了！大山就像爸爸一样。"小光突然脱口而出，并向阿珍说出她的理由。阿珍觉得这个答案很好。那对夫妻在旁听了也觉得很有说服力，丈夫一副很得意的样子，用眼神向小光道谢。太太听完也不生气了，两人又买了冰淇淋才离开。小光突然觉得讲道理真的很厉害，还可以让人停止争吵。虽然体悟到了讲道理的快乐，但心中不知为何充满着一种忧愁的感觉。

小光远远看着他们互相扶持离去的背影，突然察觉到内心为何不快乐了。那是因为她想起了自己的父母，自己已经很久没见到他们了。她想，如果自己能够早点儿学会讲道理，她的爸爸妈妈是不是就不会离婚了呢？

5 爸爸就像大山一样

傍晚,回到学校,小光又看见了那只一瘸一拐的穿山甲。她赶紧跑过去,发现原来不知道是谁做了多余的事情,给它穿上了鞋子,让它无法好好走路。小光赶紧帮它把鞋子取下来,让它无拘无束地回到大山身边——那个无论刮风下雨,都可以安心依赖的地方。

回到宿舍,小光跟阿珍说,今天梦里的大事件就是穿山甲被人恶作剧地穿上鞋子,然后那人后悔了,要道歉。阿珍听了笑了笑说:"这样会不会太牵强了?"小光想了想也觉得好像有点牵强,于是说:"那大事件应该还没发生,可能以后才会发生。"阿珍又说:"那这样又变成对号入座的思考了!"

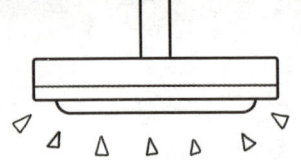

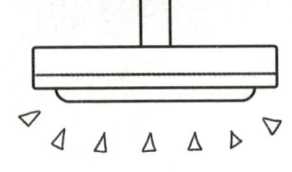

思考与学习

1. 想想看,你的爸爸是不是"猪队友"呢?如果是的话该怎么办?如果不是的话,他是怎样成为好队友的?
2. 在学校组队时,万一真的遇到"猪队友",该怎么办?

参考答案
请见第 197 页至 198 页

6

有关幸福秘诀的传说故事

　　佳佳最近常常愁眉苦脸,早上到了教室,才刚坐下不久,就开始唉声叹气,说自己没有妈妈真可怜。她的妈妈前一阵子过世了。

　　小花走过去安慰她:"你有很多爱你的朋友啊!这也很幸福!"小威也跟着说:"对啊!你看小光不但没有妈妈陪,连爸爸也没在身边,比你还可怜!"小威这样说是因为小光的爸妈离婚后又各自结了婚,有了新的家庭,便把她托给外婆照顾。

　　这时,小光刚好走进教室,发现同学们都在背后说她"很可怜",心里有点儿不高兴。顿时,教室里的气氛有点儿尴尬。

　　幸好这时上课钟响了,普老师迅速走了进来,

6 有关幸福秘诀的传说故事

很有精神地大声说:"上课喽!今天跟大家说一个故事!"

大家赶快回到座位上坐好,暂时忘记了刚刚的尴尬。

"我有一个朋友的朋友在大武山登山时迷了路,在寻找出路时无意间发现了一个与世隔绝的部落,他在那里听到一个很有趣的故事。"普老师开始讲故事了。

"哈,什么朋友的朋友,感觉就像是骗人的。"小威笑了一声。

但同学们正认真听故事,用手势叫他闭嘴。普老师则笑了笑,没有作答。他接着说:

有一天,部落酋长下山闲逛,在路边闻到以前没闻过的食物香味,很兴奋地跑过去,才知道食物的名字叫"臭豆腐"。他吃了一盘,很满意地说:"这是全世界最好吃的东西。"于是,他外带三份

回去给部落厨师吃,希望他们也可以做出这种美味。

第一个厨师吃了说:"这个酱料太咸了。"

第二个厨师吃了说:"这个配菜太酸了。"

第三个厨师吃了说:"这个豆腐太臭了。"

酋长听了很生气,便大声斥责:"这么好吃的食物,如果你们做不出来,我也不怪你们,可你们却故意挑剔说它不好吃,这种欺骗的行为真是不应该。"说完,就叫人把厨师们都抓起来,因为按照部落法规,说谎要关十年。

厨师的家人们赶快去找祭司求助。祭司是部落里最有智慧的人,可以化解各种难题。

祭司听完事情的经过后,想了想,便去找酋长。首先,他问酋长:"你觉得部落里谁最美?"

"当然是我的大女儿芭蒂姆玛啊!"酋长很得意地说。

6　有关幸福秘诀的传说故事

"可是去年你说你的二女儿帕蒂工玛最美丽。"祭司说。

"那是因为……因为……"酋长一时答不出来。

祭司接着说:"是现在的你在说谎,还是去年的你在说谎呢?无论何时说谎都要关十年,所以你也应该被关起来才对。"

酋长赶快解释:"我没说谎!是感觉变了。"

祭司微笑说:"既然自己的感觉会改变,不同人的感觉当然也会不一样。"

酋长听了恍然大悟:"啊!所以真的有人不喜欢吃臭豆腐吗?"

祭司笑说:"当然啦!而且还有人不喜欢当酋长呢!"

酋长哈哈大笑,摇摇头,不相信有人会不想当酋长,但他还是把厨师们都放了出来。

故事讲完,同学们觉得很有趣,都说:"对啊!每个人的感觉不一样。"

普老师接着说:"这其实是一个很重要的人生智慧。不仅东西好不好吃没有一定的标准,怎样的处境算可怜,也没有一定的标准。"

说到这里,大家才发现,原来普老师听到了刚刚教室里的对话,而且还随机编了一个好玩的故事,真是太厉害了。

小光也立刻领悟了普老师的故事,她说:"因为我很快乐,所以不可怜。"

佳佳听了也点头说:"原来可不可怜也和臭豆腐好不好吃一样,没有一定的标准,只要努力把自己的生活过好,就不是可怜的人了!"

大家听了都觉得佳佳说得很好,一起鼓掌赞成。普老师也比出赞的手势。得到这么多掌声,佳佳突然

6　有关幸福秘诀的传说故事

很有成就感，感觉自己一点儿都不可怜了。

聪明的阿珍却有了不同的领悟，她发现，其实普老师也是在讲道理，而且这种用故事讲道理的方法好像更有效。原来讲道理不是只能直接讲，有时通过故事来讲，效果反而更好。尤其是有些人不爱听人讲道理，这时就可以用别的方式来讲。阿珍很高兴自己学到了很棒的知识，又继续思考：那么，除了故事之外，是不是还有其他讲道理的方法呢？

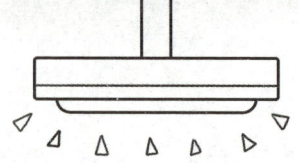
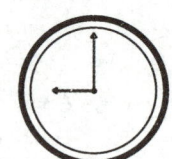
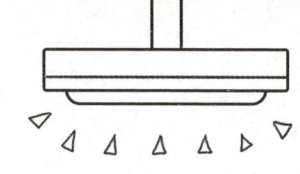

思考与学习

1. 小光听到小威说她很可怜,便认为"原来大家都觉得她很可怜",这样的推理有没有问题呢?

2. 厨师们觉得臭豆腐不好吃,酋长认为他们是因为做不出来而故意说谎。这样的推理有何问题呢?

3. 为什么有人不爱听别人讲道理?除了直接说和讲故事之外,还有哪些讲道理的方法呢?

参考答案
请见第 199 页至 201 页

7

教室里有一头大象

某个秋高气爽的早晨,教室外面很多喜鹊叽叽喳喳一直在叫。在哲学思考课上,同学们也和喜鹊一样讨论得很热烈。但小光没认真听,不知道大家在讨论什么,因为她发现教室里有一头大象。

"奇怪!大象什么时候进来的,为什么之前都没有发现呢?"小光想着。但疑惑的同时却有一种很熟悉的感觉,好像这只大象一直都在里面,只是之前没注意到,这真是一种奇怪的感觉。

但是,好像只有她发现了大象,因为老师在继续讲课,同学也在一起讨论问题,大家似乎都没看见。

"难道是幻觉吗?"小光有点儿担心起来。

"阿珍,教室里有一头大象。"小光小声地跟坐在

7 教室里有一头大象

旁边的阿珍说。她压低声音,担心被同学们听到会笑她胡思乱想。

"我知道啊。"阿珍回答道。她一点儿也没有觉得很奇怪的样子,继续目不转睛地听着普老师上课,还举手发言。

"我知道啊。"坐在附近的小花和小威听到后也都这样说,好像这是一件很普通的事情一样。小光满头雾水,既然都看见了,为什么同学们的反应这么冷淡?真是奇怪。想着想着,下课钟声响了起来。这时,大象低下头跟她说话:"快起来!快起来!要上课了。"

"是要下课才对吧!等等!为什么大象会说话?"小光在惊讶中突然醒了过来,才知道原来是梦。正在叫她的是阿珍,不是大象。小光刚起床迷迷糊糊的,把阿珍看成一头大象,随之就笑了起来。

阿珍看见小光一醒来就笑,觉得很诡异,露出一

脸疑惑的表情。小光就把梦告诉了阿珍。

阿珍觉得这个梦很好玩,想了一下,便跟小光说:"这个梦其实是很有深意的。这叫作'视而不见'或是'察而不觉',是指有时虽然看到了,但并没有真的觉察到。这是一种很特别的心理现象。就像每个人都习惯从自己的利益出发,用自己的标准来评判事情,但都没有察觉自己的这个缺点,反而有时还会批评别人以自我为中心来评判事情。好比家人一起吃饭时,都只用自己的感觉来判断东西好不好吃,忘了也要考虑别人的感觉。跟别人相处时也是一样,只想到别人对待自己好不好,忘了也要好好去想自己对待别人时,别人的感觉怎么样。"

小光听后想了想,点点头说:"对啊!之前跟外婆一起吃饭的时候,我说太淡了不好吃,没有去想外婆身体不好,不能吃太咸的东西。"

7 教室里有一头大象

阿珍鼓掌夸小光很快就懂了，又说："没错！人都有很多缺点，但对某些缺点常常视而不见，也不会好好思考要怎么改变。"

小光点点头，接着说："会不会教室里真的有一头大象呢？说不定这就是上次梦到的大事件。"

"哈哈，怎么可能？！"阿珍一说完就立刻发现自己做出了错误推理。因为根据之前普老师教过的推理秘诀——"任何事情都是有可能的"，所以不能因为有些事情听起来很离谱，就立刻否定它。于是她思考了一下才问："在你的梦里面，教室是和我们平常上课的教室一样吗？"

"对呀！"小光回答。

"有没有墙壁破掉，或换了一个大门呢？"阿珍又问。

小光很确定地说："没有！"

阿珍松了口气,得出结论:"那就不可能了啊!想想看,大象要怎么进去呢?"

"对呀!"小光想了想又说,"如果有'缩小灯'就可以了。"

"那只是漫画中的。实际上没有那种东西!"阿珍回答。

吃完早餐后,两人一边走一边继续讨论"视而不见"的例子,到了可以看清教室时,发现同学们都聚集在教室外面叽叽喳喳,好像在议论着什么事情。走近一看,"哇!教室里真的有一头大象!",小光兴奋地喊着,"哇!阿珍你看!跟我梦到的一样!"

"这怎么可能呢?大象到底是从哪里来的啊?"阿珍感到疑惑,又到处察看了一下,确定墙壁和门都没损坏,便说:"大象是怎么进去的?"

其他同学听了才开始觉得奇怪,原本只觉得大象

7 教室里有一头大象

在教室里很奇怪,都没想过它是怎么进去的。所以大家开始讨论,但都只想到"缩小灯"。

"不对!合理的不一定是正确的。虽然这头大象看起来像是真的,但不一定就是真的。说不定是气球做的,拿到教室后才打气膨胀。"阿珍第一个做出了合理的推理。

同学们一听觉得很有道理,纷纷说:"原来是这样啊!"

这时,小光立刻跑进去摸大象,看大象是不是气球做的。大家看到小光跑进去都吓了一大跳,因为之前都没人敢进去。

"危险!别进去!"阿珍赶紧喊了一声,还伸手想把小光拉住,但小光的动作太突然了,一溜烟便跑到大象旁边了。

小光回头笑了笑说:"气球不危险啊!"

阿珍赶紧解释:"合理的不一定是正确的,虽然气球的推理很合理,但不一定正确,不能立刻当作答案,还要进一步观察,寻找更合理的解答。万一是真的大象,会很危险。"

就在阿珍说话时,小光已经伸手摸到大象了。她接着说:"这只大象是真的!不是气球做的,而且很乖,不危险。"

大象低下头看着小光,发出微弱的声音,好像是在表达友好。

阿珍更加心急了,要小光赶紧出来,并苦口婆心地劝小光要等普老师来了再进去。

小光抬头看大象,大象也低头看着小光。小光对大象笑了笑后慢慢走出去。她觉得大象身体很坚实、很温暖,一点儿也不可怕,是阿珍大惊小怪了。

过了一会儿,上课钟响了,普老师才慢慢走了过

7 教室里有一头大象

来,还打着哈欠,跟之前伴着钟声很有朝气地走进教室不一样,而且慢了好几秒,算是迟到了一会儿。他看见大家都在教室外面,就边走边对同学们说:"怎么不进教室呢?"走到门口,突然一副吓一跳的样子,说:"哇!怎么会有大象?"

原来普老师也不知道啊!阿珍想着。阿珍觉得普老师的举动有点儿不太对劲,可是又说不上来哪里怪异。

"既然大象占据了教室,我们就在教室外的走廊上课好了。"普老师接着说。

听到这里,阿珍就明确感觉不对劲了:普老师也太快接受教室里有大象这件事了吧!难道这是因为哲学家知道任何事情都是有可能的,所以对怪异的事情接受度比较高吗?还是说普老师早就知道教室里有大象了呢?阿珍有很多疑惑,而且最大的问题是:大象到底是怎么跑进教室里的呢?

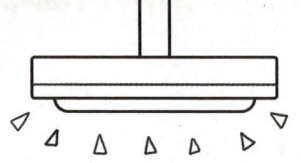

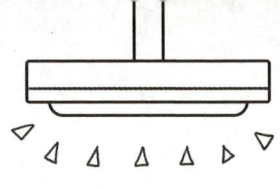

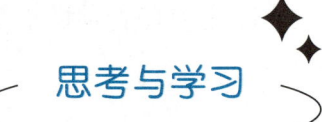

思考与学习

1. 为什么"合理的不一定是正确的"？为什么要特别注意这个观念？

2. 哲学家真的对怪异的事情接受度比较高吗？为什么？如果是的话，是不是表示普老师的可疑举动没问题呢？

参考答案
请见第 202 页至 204 页

8

大象是怎么进到教室里的?

普老师走进教室,把桌椅都搬到外面。大象看起来很信任普老师,很乖,一动也不动。等到桌椅都搬出去了,大象才趴下,看着外面,一副很好奇的样子。

同学们都觉得很有趣,不仅因为在走廊上课很新鲜好玩,而且感觉好像多了一位大象同学一起上课。

普老师转头看看大象,接着说:"我们今天就来思考,大象吃什么?"

阿珍觉得普老师的反应很奇怪,怎么不好奇大象从哪里来,又是怎么进入教室的呢?这些不是应该最先讨论的吗?

但最爱吃东西的小光却没有这个疑惑,只想着:果然是最爱护动物的老师,第一个想到大象没东西吃

8 大象是怎么进到教室里的?

很可怜。小光正想回答普老师的问题时,阿珍却先发言了:"老师,正常不是应该先思考大象从哪里来的?还有怎么进到教室里面的吗?"

"对啊!"普老师拍了拍自己的额头,看起来像是看见大象受困,一时心急乱了思绪,经过阿珍的提醒才回过神来:"真是奇怪啊!大象是从哪里来的?又是怎么进去的呢?"

看到普老师的态度,阿珍也在思考:为什么普老师没有先想到大象是怎么进去的,反而先想到大象要吃什么呢?她猜想:或许是因为最在乎什么事情,就最先看到什么事情。有时甚至只注意最在乎的事情,其他事反而都看不见了。想到这个答案,阿珍突然有所领悟:这就是为什么之前看到学校有一只流浪猫的时候,有些同学只想到流浪猫很脏,不会想到流浪猫会不会饿。原来对小动物比较有爱心的人和缺乏爱心

的人，会因为在意的事情不同而看到不一样的东西。突然可以将这个道理融会贯通，阿珍觉得自己的思考能力又提高了，可以想通很多原本想不通的事情，非常高兴。

这时，普老师耸耸肩，笑了笑，恢复了原本的精神，接着说："好！那大家来想一想，大象是怎么进去的？"

小光终于等到普老师问这个问题，立刻举手大声说："教室里有另一个空间入口通往大象世界。"

阿珍在旁微笑，觉得这是小光的标准答案。不过也因为这样，小光才会喜欢探索而去发现许多新奇的东西。

普老师回答："确实有可能，可是要找出秘密空间的入口可能不太容易哦。因为我们在这间教室上课这么久了，都没看到过什么入口，之前也没看到过大

8 大象是怎么进到教室里的?

象或其他奇怪的东西跑进来。"

小光听后笑了笑,觉得自己一定可以找到神秘空间的入口。不过要怎么找,她也还没想到。

小花说:"这是魔法,用魔法互换,把小威和动物园里的大象互换位置了。"

听到小花这么说,小威赶紧反驳:"可是我在这里,又不在动物园。"

"那是因为你从动物园偷跑出来了!"小花很开心地说,而且还装作猴子的样子跑来跑去。同学们看了都哈哈大笑。

小威不理会小花,便说:"教室里一定有暗门。"

小光听到"暗门",突然觉得这个答案很有道理,很想去找这个暗门,就开始东张西望,但没看见任何可疑的地方。

还有个想象力很丰富的同学说:"半夜十二点的

时候,浓雾会让教室消失一段时间,刚好这段时间大象走进去后就被卡住了。"

同学们叽叽喳喳地说个不停,好像变成了想象力大赛一样。但是,阿珍却一直在观察普老师。她感觉普老师没有用心听大家的讨论,好像对这个问题不感兴趣一般,而且还常常转头看着大象,不知道在担心什么。所以,阿珍就说了一句话,想测试看看:"大象会不会饿了啊?"

想不到说完这句话,普老师立刻有了反应:"对啊!这头大象真乖,都不吵,还在旁边跟着一起上课,我们给大象吃点儿东西吧!"

原来普老师真的比较关心这个问题啊!阿珍心里想着,并为自己猜到了而感到很开心。

"可是大象要吃什么呢?"小光问。

"我知道!大象都吃树叶。"在动物园看过大象

8 大象是怎么进到教室里的?

的小威想要炫耀自己的知识。

"除了树叶,大象还会吃水果、嫩竹子,还有野菜。"小花说道。

"大象也要喝水!"小光想起她看过的大象喝水的视频。

普老师很满意地微笑说:"好!那我们去找食物和水给大象吧,说不定它已经又饿又渴了。"

听到大象又饿又渴,同学们就一窝蜂地跑去帮大象找食物了。

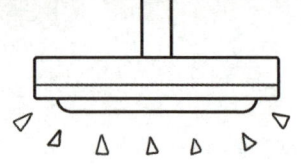  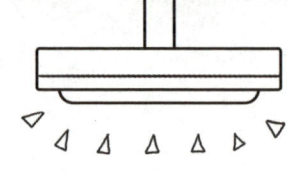

思考与学习

1. 猜猜看为什么普老师没有先想到大象是怎么进去的,反而先想到大象要吃什么呢?试着说出理由。虽然合理的不一定是正确的,但越合理,正确率越高。

2. 试着发挥想象力,想想大象究竟是怎么进入教室里的呢?是否还可以想出其他答案呢?

参考答案
请见第 205 页至 206 页

9

小光梦见大象小时候

下课后,大家把大象当作住在教室里的同学,说了"明天见"之后才各自慢慢离去。大象看着同学们离开后也趴下来休息。

当天晚上,小光又做了一个梦,梦见大象从小就住在教室里,有人教它画画,画不好就一直被打,满身伤痕,直到开始跟普老师学习讲道理才不被打。

梦醒后,小光跟阿珍说,大象小时候曾被虐待。阿珍想了想大象身上那些像是被虐待的旧伤痕,觉得这个可能性很大,所以上网查了一下,发现原来那头大象是马戏团走失的表演象,而找到它的人可以领到两万元奖金。阿珍很惊讶地发现小光的梦真准。小光也很得意自己很会做梦。

9 小光梦见大象小时候

"但大象到底是怎么走失的呢?又为什么会跑到教室里呢?"阿珍还是想不出头绪。

隔天上课时,阿珍把网络上看到的资料跟同学们分享,还要大家保护大象,不要说出去,以免大象被带回马戏团受虐待。

同学们仔细看着大象身上的旧伤痕,想着原来大象是逃出马戏团跑到教室里躲起来的,觉得大象很可怜,同时对于虐待一事都很生气,于是决定要好好保护它。

大象则很开心地吃着同学们带来的早餐。

"希望不要有人为了赚那两万元出卖大象!"小花在教室里大声说这句话时看着阿珍,手却指着旁边的小威。

"我才不会出卖大象!一百万都不会。"小威说。

"哼!只要一百零一万你就会出卖大象了吗?"

小花说。

"才不会！一千万亿都不会！"小威生气地说。

上课钟响了，普老师照例在钟响时到达教室门口。阿珍便说："那是马戏团走失的大象，可是大家都说要保护它，不要送回去。"

"原来是这样啊！"普老师说："那我们就假装不知道它是从马戏团走失的好了。"

"为什么要假装不知道啊？"阿珍疑惑地问。

"因为大象虽然被虐待，但法律上还是属于马戏团的财产。如果捡到别人的财产不送回去，那不就犯法了吗？可是如果不知道是谁的，暂时帮忙养一下，那就没关系了。"普老师解释。

阿珍听了"扑哧"笑了出来，"原来普老师在钻法律漏洞啊"。于是她一时好奇就问了一个问题："老师，钻法律漏洞是不是不道德的事情呢？"

9 小光梦见大象小时候

　　小光一听觉得很奇怪，想着难道阿珍希望归还大象吗？她可不希望把大象送回给可恶的马戏团，便赶紧说："钻法律漏洞没关系啦。"

　　"哈哈。"普老师笑了笑，便说："不管提出什么观点，都要说出道理才行。为什么说钻法律漏洞没关系呢？"

　　"普老师不是也钻法律漏洞吗？"小光好奇地问。

　　"这个理由不好。老师做的事情不一定就是对的。"普老师说。

　　阿珍知道普老师要大家客观思考，不能因为自己喜欢就认为是对的。所以她说："钻法律漏洞不好，可是为了保护动物，相比之下，可能就没关系了。是这样吗？"

　　普老师比出"赞"的手势，接着说："这确实是一个好的理由。可是，法律和保护动物哪一个更重要，

95

这要怎么比呢？为什么保护动物更重要？"

佳佳说："妈妈曾经说过，要看自己的心，良心很重要。"

普老师鼓掌说："对！看自己的良心。这是一个很好的比较方式。"

大家听了都觉得很有道理。果然讲道理很重要，有好的道理大家就觉得可以接受了。

这时很爱唱反调的小威忽然说："可是万一我的良心觉得不该钻法律漏洞，怎么办？"

小威一说完，同学们都瞪他，觉得他想要害大象。小花立刻反击说："那你一定不是人类，人类都会觉得保护大象比较重要。你应该是外星人吧！"

小威接着说："就算我是外星人，为什么不能用外星人的标准，而要用地球人的标准呢？"

"因为我们在地球上啊！你回火星去就可以用外

星人的标准了。"小花说。

小花说完,大家都笑了。大象也像是很高兴一样发出了声音,不知是在笑,还是也想发表意见。大家都认为大象也是同学,都不希望它回马戏团去。连小威都有这种感觉,最后小威便说:"好啦!那就先依照你们地球人的良心好了。"小威好像很满意大家把自己当作外星人。

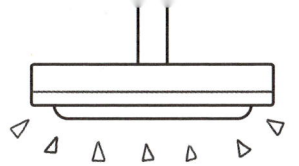  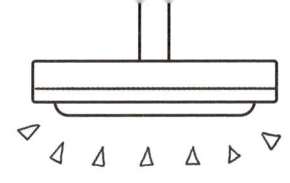

思考与学习

1. 小威是真的喜欢当外星人吗？还是说这个说辞只是一种回应方法呢？
2. 当不同的道德观产生冲突时，是不是看自己的良心就没问题了？还是说需要再考虑别的问题呢？

参考答案
请见第 207 页至 209 页

10

跟大象同学一起上课

放学后,小光跑去文具店买了一些材料,买完立刻回宿舍制作东西。阿珍问她在做什么,她也不回答,只神秘兮兮地说:"明天就知道了。"阿珍猜想一定和大象有关,但也想不出小光到底在做什么。

第二天早上起床后,阿珍问小光有没有再梦到什么,希望小光的梦可以解开更多的谜团。但小光摇摇头,表示没有再梦到什么。这时,小光突然想起之前的梦,便说:"之前梦到会发生一个大事件,会不会就是这个大象事件呢?"

阿珍想了想说:"有可能!这确实是一个大事件!"

小光听了觉得很高兴。但阿珍却有点儿担心,她想:小光似乎忘了在那个大事件的梦里,有人要为这

10 跟大象同学一起上课

个事件后悔道歉,如果大象事件真的就是那个大事件,那究竟会发生什么事情,究竟谁会后悔道歉?而且更糟糕的是,说不定真正的大事件还没发生呢!到底大象事件会怎么发展呢?阿珍想了半天,也想不出个头绪,只好先不管了。

两人到了教室,小光便拿出一张很大的学生证要给大象,在贴照片的位置画了一幅大象的画像,画得虽然不是很像,但圆圆胖胖的,很可爱。原来她昨天就是在做这张学生证。

当小光正准备将学生证挂到大象鼻子上时,大象却举起鼻子,发出声音,显出一副很高兴的样子。小光发现上面已经挂了一张学生证,也一样有画像,只不过画得一点儿都不像,反而像一匹有着长鼻子的马,上面还写着"外星象"。原来小威也做了一张学生证。

小光仔细看了说:"它是地球象,又不是外星象,

怎么可以给它这种奇怪的学生证呢?"但小威说:"你怎么知道它是地球象,你的理由是什么?"小光立刻说:"因为这里是地球,所以它是地球象。"但小威露出笑容:"嘿嘿嘿。"接着说:"你又不知道它是从哪里来的,说不定就是从外星球来的。而且地球象无法缩小进到教室里,外星象才有这个能力,所以它是外星象。"

昨天小威把自己当作外星人,今天又把大象当作外星象,而且说得还挺有道理。因为他早就料到有人会问这个问题,所以早就想好了要怎么回答。小光也觉得小威讲得好像有点儿道理,不知道该怎么反驳。小花在旁想要反驳小威,可是她也觉得外星象的学生证很酷,而且大象好像也很喜欢,就没有开口。大象看起来并不知道每个人只能有一张学生证,它好像很高兴自己有两张学生证,说不定还希望有第三张和第四张。

10 跟大象同学一起上课

　　阿珍想了想小威的理由后说:"没人知道外星象可以缩小啊。而且,外星象长得跟地球象一模一样也很奇怪。"听完阿珍的理由,大家都觉得比小威的说法更合理。

　　上课钟响时,普老师一来就听到大家在讲道理,很开心,就夸奖同学们越来越会讲道理了,便问还没有人可以提出更好的理由。

　　就在大家纷纷提出各种理由时,普老师看见有陌生人东张西望地慢慢走过来。普老师似乎觉得情况不太对,便要同学们赶紧把教室门窗都关起来,不要让人看见大象。

　　陌生人穿着西装,没下雨却带着一柄大雨伞,用雨伞当拐杖,每走一步都发出雨伞尖端撞击地面的声音,大家望着他慢慢走近,都没说话,仿佛天地间只剩下嘎、嘎、嘎的声音,这个声音搞得每个人都神经紧绷。

他的行为举止并不像学生家长,因为脸上露出那种假惺惺的礼貌性微笑,还一直东张西望,看起来更像是来找人或找东西的。他一到普老师面前就说:"不好意思,我是马戏团的负责人,这几天刚好在附近表演马戏,我们的大象不见了,请问有没有人看见呢?"

果然,来人是马戏团的老板。大家听了都很紧张,一时之间没人回答问题。因为没人想承认大象在教室里面,而且大家都还记得普老师之前说过,人不该随口说谎。因为这不仅不道德,还会失去别人的信赖。

大家不知道该怎么办,所以都闭口不说话。

但是,一片静默也让人感到不安,这就好像在默认大家看到过大象一样。而且这时大家也很担心,万一大象突然发出声音怎么办,如果被带回马戏团,可能又要被虐待了。大家都想赶快打破这个静默状态,

可是又不知道该说什么。阿珍转头看着普老师,普老师却只是微笑着,不知普老师是不知道该怎么办而假装微笑,还是胸有成竹有什么计划。

就在这个不知所措的紧张时刻,小威突然打破寂静:"谁见过什么大象啊!又没去动物园!"

听到小威这么说,大家终于松了一口气,大家都感激小威的挺身而出,就连平时最喜欢和小威斗嘴的小花也不和他斗了,还赶紧点头说:"对!对!对!"也没有人去责怪小威说谎。

马戏团老板看到桌椅都在走廊上,觉得有点儿奇怪,便问:"你们为什么在教室外面上课呢?"

普老师笑了笑说:"这是创新教学啊!"

阿珍觉得普老师好厉害,普老师可以不用说谎就解除了危机。因为在教室外面上课确实是创新教学啊!这样就可以不用说大象在教室里面了。

10 跟大象同学一起上课

马戏团老板也点了点头,但还是觉得很奇怪,便问:"可是为什么要把教室门窗都关起来呢?里面有什么东西吗?"

阿珍觉得这下完了,普老师如果不说谎,要如何回答呢?会为了保护大象而骗人吗?还是会为了不说谎而承认大象在里面呢?她一心想帮普老师解围,所以立刻说:"大象不可能在里面啊!门这么小,怎么进去!"

马戏团老板看了看门,确实太小了,大象走不进去,又看看窗户,虽然窗户比门大很多,但也太小了,便说:"哈哈!我没有怀疑里面有大象,我只是很好奇为什么教室门窗都关起来。"

普老师又笑了笑说:"教室门窗关着是因为如果把门窗打开,对健康不好。"

马戏团老板愣了一下,不明白这是什么意思,想

着：难道这位老师是在考我的智商吗？因为马戏团老板小时候成绩不好，常常被人笑很笨，以至于特别担心别人说他笨，所以听不懂别人说的话时，也不好意思发问。他想了一会儿，才若有所悟地说："原来是刚刷过油漆啊，油漆味确实对健康不好。"

马戏团老板有点儿担心自己猜错了，赶忙抬头，看到普老师微笑点头，他才放下心来，还觉得自己很聪明。他担心普老师会出更难的考题，就赶紧说："抱歉打扰你们上课了。"说完立刻转身，打算尽快离开，到其他地方寻找。

阿珍看见马戏团老板转身要走，感觉总算解除了危机。她想到之前学过的诡辩术，也就是利用人思考的弱点来误导他人。阿珍觉得普老师真的很会运用诡辩术，竟然不用说谎就可以解除这次危机，还让马戏团老板很快就离开了。整个过程中，普老师也没谎称

10 跟大象同学一起上课

教室里刷了油漆，是马戏团老板自己说的；而普老师说打开门窗对健康不好，也没说对谁的健康不好，他的意思应该是打开门窗的话，大象就会被发现，然后可能会被带回马戏团继续虐待，这对大象的健康不好。阿珍觉得这招真是太厉害了。

但马戏团老板走了几步却突然回头问："不知老师有没有听说谁在校园里见过大象？因为有人说看到不知是谁带着大象往这所学校的方向走来。"

阿珍心想：啊！这下完了！如果说"没有"就是说谎，说"有"的话大象就会被发现，该怎么办呢？

普老师却回答："我有一阵子没见到大象喽！"

马戏团老板听了点点头，然后很满意地继续往回走了。

这时阿珍想：普老师算是说谎吗？仔细琢磨：好像真的没有！因为他说一阵子没见到大象，一阵子是

多久呢？五分钟也算是一阵子啊！自从教室门窗关起来之后，普老师确实超过五分钟没见到大象了。但马戏团老板误以为一阵子是很久的时间，他自己不问清楚要怪谁呢？

突然，阿珍领悟到诡辩术真是太强了。虽然以前学的时候就觉得很酷，但那时并没有深刻感觉到竟然这么有用，完全可以用来化解生活中遇到的危机。

但是，危机还没有完全解除，因为马戏团老板走了几步后又回头说了一句话，而这句话让阿珍有点儿担心。他说："小朋友们！如果有人看到大象就来跟我说，除了两万元奖金，再加送一部最新手机！"

说完，好几个同学都"哇！"了一声，但发出声音的人都被其他同学瞪了一眼，于是他们自己也觉得受到诱惑很不好意思。

这时小光有点儿生气地自言自语："虐待大象真

10 跟大象同学一起上课

不应该！"

声音虽然不大，但仍旧传进了马戏团老板的耳朵里，他随即又走了回来。看着他走回来，小光有点儿后悔自己一时冲动乱说话。

阿珍这时突然想到小光梦里的"有人会后悔、道歉"，想着：难道是小光说错话害了大象吗？阿珍有点担心，想帮小光打圆场，可是想不出在这种时候还能说什么。

马戏团老板说："小朋友说得很好哇！可是你怎么知道大象被虐待呢？"

"我梦到的。"小光赶紧解释。

"原来是梦啊！梦怎么能当真呢？"马戏团老板觉得小光在骗人，但又想不出小光为什么要这么说。"难道走失的大象真的在教室里？"马戏团老板又看了看教室门窗，觉得不太可能，因为大象根本进不去。

　　大家见马戏团老板盯着教室看,都很紧张,也不敢乱说话。但小花却慌张地跑到教室门口说:"里面没有大象!"

　　这个举动让大家心想:完蛋了!

　　果然,马戏团老板哈哈大笑地说:"你说没有不就一定是有吗?这不就是'此地无银三百两'吗?"

　　听他这么说,大家心都凉了:大象还是被发现了!

　　阿珍心想:后悔、道歉的难道是小花?但起因是小光,所以两人大概都会后悔、道歉吧!阿珍还是想不出该怎么帮忙,只好静观其变,事后再好好安慰她们了。

　　可是这时马戏团老板心里想的却跟大家以为的不一样。他表面上虽然假装知道里面有大象,心里却在骂人:坏小孩!想故意引我上当闻油漆臭味。我又不是笨蛋,哪有这么容易被骗!原来马戏团老板根本不相信大象会在教室里，所以认为小花故意这样说是要骗他去开教室门，然后在他被油漆味呛到后嘲笑他很笨。他一直很在意以前被说很笨的事情，所以无论如何都要避免。于是马戏团老板想到一个计策，便说："不然你开门让我看看，就可以知道里面有没有大象了！"

马戏团老板心里想着自己真聪明，因为站远远的就不会被油漆味呛到，而且还可以让小花自己去闻油漆味，这也算是反将一军。不过马戏团老板认为小花也不会真的去开门闻油漆味，猜想她一定会找借口不开门，但很好奇小花会找什么借口，所以微笑地站在那边。

"我才不要开门！"小花两手摊开守着门，心里有点儿后悔刚刚那样说。她想着不管怎样都不可以开门，要守护这个门。大家看了马戏团老板微笑的神情，

都以为事情暴露了，也都围过去保护大象，不让教室门窗被打开。

正当大家担心马戏团老板去开门的时候，普老师却看穿了马戏团老板的想法，便说："哈哈！你们不要这么爱恶作剧！对长辈要有礼貌，想骗人闻油漆臭味是不对的。一起跟老板说对不起！"

同学们一时还没反应过来，搞不懂为什么要说对不起，可还是照做了。马戏团老板心想：果然被我看穿了，我真是聪明啊！接着哈哈大笑地跟普老师说："没关系！没关系！小朋友天真爱玩是正常的！"说完后，就真的头也不回地离开了。

马戏团老板转身离开时，大家都很吃惊：奇怪！他不是已经知道大象在里面了，为什么还是走了呢？

等人走远后，普老师才跟同学们解释马戏团老板心里的想法，大家恍然大悟，觉得好神奇，怎么会有

10 跟大象同学一起上课

这种事呢？普老师接着说："有时心里认定一件事情一定是怎样的时候，就容易陷在那里，跳不出来，因而很难往不同的地方想，就自然会忽视明显的线索。就像马戏团老板认定大象不可能在教室里面，不管有多明显的线索，他都看不见。这是我们在谈道理时，最需要小心的地方。尤其是在有立场时，或是有个人喜好时，思路都会以维护个人立场和喜好来推理，就很难客观思考，想错了也没办法发现。"

有了马戏团老板的这个实际例子，大家都深刻体会到这种"思考陷阱"的可怕！小光也突然领悟了，她对阿珍说："原来这就是上次说的'教室里的大象'的意思，马戏团老板对明显的线索'视而不见'！明明线索就像大象一样很明显地摆在眼前，但由于心中有偏见，所以无论如何就是无法察觉。"阿珍笑着说："对呀！没错！就是这样。"

阿珍原本担心着小光的梦,现在终于放心了,可她还是忍不住会想:不知道未来还会不会有危机,不知道未来会不会有人因做了什么事情而后悔和道歉,不知道未来会不会发生真正的大事件!

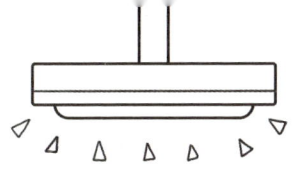

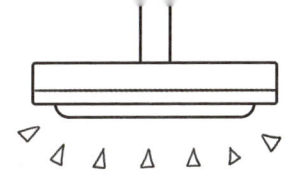

思考与学习

1. 什么是"诡辩术"?

2. 什么是"反将一军"?

3. 什么是"此地无银三百两"?

参考答案
请见第 210 页至 211 页

11

遇到两难困局，
怎么办？

　　马戏团老板为了寻找大象,除了两万元奖金之外,还加送一部最新手机。最新手机这个奖品很吸引人,所以阿珍担心有人会去告密,但过了两天都没事,就稍微安心了。阿珍认为想告密的人不会拖这么久,因为先告先赢,慢的就什么奖品都没有了。

　　这两天大家持续在教室门口上课,大象也在旁边听。有时普老师说笑话,全班都在大笑,大象也举起挂着两张学生证的鼻子,跟着发出声音,像是跟着大家一起笑,虽然它不知道大家在笑什么。

　　虽然表面上一切太平,但阿珍知道事情没这么简单,除了不知道大象怎么进到教室里之外,还有很多问题没解决。比如,如果马戏团走了,大象得到自由后,

11 遇到两难困局，怎么办？

要怎么出来呢？总不能一直关在教室里。大象出来后又要去哪里？马戏团那边真的不会再来找它了吗？而且小光那个关于大事件和有人后悔、道歉的梦会不会灵验？烦恼的事情还真多啊！

隔天早上，阿珍和小光吃完早餐，在前往教室的路上又遇见一只穿山甲，小光仔细一看，说："不是上次穿鞋子的那只。"阿珍有点儿怀疑，因为它们看起来长得都一样啊，但或许小光有什么分辨的方法吧。穿山甲穿过草丛，缓慢地过马路。幸好校园里没什么车，还算安全，但小光还是跑到前面去，以便万一有车过来，能把它拦住。

阿珍在旁微笑，觉得小光很爱护动物。她同时也在想，如果大象和其他动物都可以自由自在地在野外生活，那就太好了。

两人走近教室时，发现同学们都趴在窗户上看着

教室里面。原来大象躺在地上,一副很不舒服的样子,像是生病了。

钟声响起,普老师一出现,同学们就叽叽喳喳地说:"大象生病了!怎么办?"

普老师探头进去看,拍了拍额头说:"啊!这真是太糟糕了!"

"要赶快找医生啊!"小光说。

"可是找医生来的话,大象在这里的事情就会暴露,它就会被马戏团带回去!"阿珍说。

"总比生病好吧!"小花说。

"那这样好了,我去叫马戏团老板来把它带回去,这样它就可以去看医生了。"小威说。

"你是想得到悬赏金和手机吧!"小花生气地说。

被看穿心思的小威感到有点儿困窘,立刻假装很生气,反驳说:"哪有!我是为了大象着想。如果

11 遇到两难困局，怎么办？

我想要悬赏金和手机，早就去告密了！不然你说该怎么办？"

小花想不出什么办法，但还是很生气地说："这是趁人之危！"

"哪有！我这是没办法中的最好办法，而且大象也不是人。"小威说。

"趁'象'之危也不行！"小光说。

普老师要大家停止争吵，接着解释说："这种处境就叫作'两难困局'。"普老师在危机中还不忘教学。"生活中常常会遇到像眼前这种只有两条路可以选择，但两条路都不好的情况，这时我们通常会比较两条路，然后选一个相对好的。就像现在到底要让大象看医生而被马戏团找到，还是不看医生但有生命危险呢？这两个选择明显都不好，可是又没有其他选项。该怎么办呢？"

小光有所领悟地说:"原来如此,就像去餐厅吃饭时,不知道该吃米饭还是吃面一样,每次都很难决定,所以只好两个都吃。"

阿珍接着说:"这不一样。你是两个都喜欢吃,所以可以两个都吃,但万一两个都不喜欢该怎么办?例如,在山中迷路了,只找到别人丢掉的臭面包,那吃还是不吃呢?这样的比喻才对。"

"这样的话……"小光想了想,想不出该怎么办。

普老师接着说:"当我们遇到这种两难处境的时候,特别要记得一个思考法则:看不见的不一定不存在。其实通常还有其他更好的做法,甚至是两全其美的做法,只是还没找到。我们需要运用智慧,寻找还未想到的其他方案,而且只要想得出来,还常常能化危机为转机。"

"什么是化危机为转机?"小光好奇地问。

11 遇到两难困局,怎么办?

普老师回答说:"举例来说,如果有一天我在夜市闲逛,突然看到一家新开的店,就进去吃东西了。吃到一半突然发现手机和钱包忘带了,怎么办呢?这时看起来只能选择偷跑或是欠账,但这两个方案都不好。那么我就可以临时借个手机给朋友打电话求助。这样既解决了困局,还顺便联络了感情。这就是化危机为转机了。"

"原来是这样啊!就像在山中迷路,只有吃臭掉的面包和不吃两种选择时,找到很美味的野果,就是化危机为转机。"小光说。

普老师说小光领悟力很强。小光听了非常得意。普老师接着要大家想想有没有什么好方法可以摆脱这种两难困局。一说完,同学们就开始思考第三条路了。

过了一会儿,阿珍首先想到:"对了!只要找到

愿意保密的兽医不就好了！如果有认识的兽医，事先说好，就可以了。"

普老师鼓掌说这是个好方法，接着问："有人认识兽医吗？"

大家都摇摇头。这个方法行不通，只好继续想下一个。

小光想了想便说："一定要兽医吗？'人医'可不可以？我记得阿珍的叔叔是医生，说不定也会医治大象。"

普老师点头说："如果有空过来的话，让'人医'先看看也可以。"普老师好像觉得"人医"这个词很不错，也跟着使用起来。

"好啊！叔叔人很好，不会害大象的。"阿珍很高兴地给叔叔打电话，跟他说马戏团里被虐待的大象逃进教室了，但生病了要看医生。阿珍的叔叔听了觉

11 遇到两难困局,怎么办?

得很有趣,表示很想看看大象,说会立刻赶过来。大家听了都很高兴,因为事情总算可以解决了。

小光回头看着大象,流露出安抚的眼神。大象看着小光的眼睛,似乎感受到了小光的心境,便安心地睡着了。

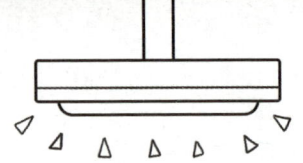

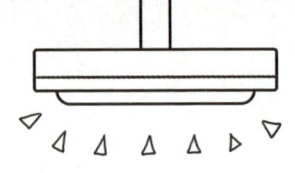

思考与学习

1. 很多作业要写，很麻烦，可是不写作业会被批评，也很麻烦。在这种"两难困局"中，该怎么办？

2. 想想自己遇到过哪些两难困局？当时是否想出了好的解决办法？尝试跟老师或同学讨论自己遇到过的两难困局，让大家一起思考有没有更好的解决办法。

参考答案
请见第 212 页至 213 页

12

再会了,大象同学!

  大象生病了,阿珍打电话找医生叔叔帮忙。刚挂了电话不到一个小时,阿珍叔叔的高挑身影便从远方慢慢显现出来,大家看到都很高兴。但他的身边还跟着一个人。"会是谁呢?"大家疑惑着,"兽医吗?还是护士?"大家好奇地伸长脖子仔细看,等到他们走近时,所有人都吓了一跳,而且非常生气。另一个人竟然是马戏团老板!"天哪!阿珍的医生叔叔为了悬赏金和最新手机去告密了!"

  这时,阿珍也被吓到了,她想着:原来大事件就是大象被带回去,而后悔、道歉的人竟然就是自己。

  他们走过来时,阿珍的叔叔跟大家打招呼,但没人理他,连阿珍都没说话。普老师也不知道该说什么,

12 再会了,大象同学!

只是礼貌性地点点头。这时普老师心里想着一个思考法则:"原因不一定是这样的"。虽然阿珍的叔叔的行为看起来像是告密,但事实如何还不一定,要先观察再说。"说不定他们是在校门口遇到才一起走过来的。"普老师心想。

阿珍的叔叔看到大家的反应不太友善,笑了笑也没说什么,就直接打开教室门。马戏团老板一看见大象就惊叹说:"原来真的在教室里啊!太不可思议了!到底是怎么进去的?"说完,便走进去,拍了拍大象。大家都替大象担心,原本以为大象会很害怕,可是情况却跟大家想象的不太一样,大象不仅没有害怕的样子,还很高兴地动一动象鼻,发出轻微的声音,像是看到老朋友一样。小光小声地跟阿珍说:"大象是不是害怕到不敢表现出害怕的样子了呢?"阿珍也小声回答:"有可能!但也有可能是我们的思考陷入什么陷阱了。

说不定是我们都想错了。"这时阿珍心里也出现了"原因不一定是这样的"的思考法则。

阿珍的医生叔叔看看大象后便说:"没什么大问题,只是最近天气有点儿热,关在教室里可能太闷了,所以身体不适。"说完,大家松了一口气,但还是很担心大象被带回马戏团遭受虐待。阿珍的叔叔接着说:"这头大象从小就被虐待,所以身体不好,这是它的老毛病了。"看着大家疑惑的眼神,阿珍的叔叔笑了笑解释说:"我和这位马戏团老板是多年的好朋友,当年就是他从虐待大象的人那里把它买下来,救了它,然后让它跟着马戏团表演。"他一边说一边给大象吃药。

马戏团老板在一旁笑了笑,点点头。

"原来是这样啊!"大家终于松了口气。

"原来它身上这么多的伤痕不是在马戏表演训练

12 再会了,大象同学!

时被虐待造成的!"普老师说。

"不是的。这只象很乖,很聪明,被救出来后一直都很开心,跟马戏团团员都相处得很好,不管学什么都很快,根本没人会去虐待它。"马戏团老板接着又说:"我们马戏团的每个人都很爱护动物,不会虐待它们的。"

"原来如此!"普老师接着鞠躬说:"对不起!我以为这只大象被虐待,就偷偷把它带出来藏在教室里了。"

大家听到后都很惊讶:原来"犯人"是普老师啊!

阿珍这时想到,原来像普老师这样会思考的人,也会想错事情,思考真是件不容易的事情啊!

马戏团老板笑了笑说:"没关系!我看这只大象好像很喜欢待在这里玩。就当它出来度假好了,不然一直表演马戏也很辛苦!不过……"马戏团老板想了

想接着说:"悬赏金你要帮忙付才行!"

"应该的!绝对没问题!"普老师拍胸脯保证。

阿珍的叔叔却说:"可是悬赏金要给谁呢?"

"不是你吗?"马戏团老板说。

但阿珍的叔叔说:"是我通知你的,没错!但先是阿珍通知我的,所以应该给阿珍才对!"

阿珍不想当告密者,所以立刻说:"是小光建议我找你的!"

大家一起看着小光,原来小光才是真正的告密者。小光一边觉得当告密者不好,另一边又觉得有悬赏金很好,心里很矛盾,而且她还想着有最新手机呢!但又不好意思说出来,于是思路就卡在那里,她不知道该怎么办。她接着又想:这就是两难困局吗?

马戏团老板也觉得让小朋友成为告密者好像不太好,于是说:"这样好了,就当作没有告密者好了,

12 再会了,大象同学!

普老师也不用付悬赏金了。大家都曾帮忙照顾大象,我给每个同学送一份神秘礼物。"

小光听了有点儿高兴,也有点儿失望。高兴的是不用当告密者,失望的是原本可以获得的悬赏金和最新手机都没有了,只剩神秘礼物。不过两难困局也自动消除了。

其他同学听到有神秘礼物都高兴地欢呼起来。

"可是,大象究竟是怎么进到教室里的呢?"马戏团老板问。大家也都很好奇地看着普老师。

普老师笑了笑,指着窗子回答说:"其实很简单呀,你们看窗子这么大!"

大家看着窗子,都摇摇头。阿珍说:"就算把两边窗户都推开,大象还是挤不过去的。"

普老师说:"窗户全部拆下来就可以了。"

"啊!原来如此!"大家都恍然大悟。"怎么就

没想到窗户还可以拆下来再装回去呢？"

过了没多久，吃了药的大象逐渐站了起来。大家合力把大窗户拆下来，大象就慢慢钻了出去。在大家的欢送中，大象缓缓地走出了校园。离开时，它还举起鼻子，叫了一声，好像是在向每位同学说"谢谢"。大家虽然有点儿伤感，但也都很高兴。

隔天报纸出来，报道大象走失到了森林学园，受到同学们的照顾，没有提及大象被普老师带走的事情，还附上了大象表演的照片。看着照片，小光第一个发现："咦？它挂着两张学生证在表演呢！"

"哇！它是我们班上第一个出名的同学！"小花很得意地说。

"希望未来你们都像大象一样出名。"普老师笑着说。

听到这里，大家都有了雄心壮志，都想在未来做

12 再会了,大象同学!

出一些成就,成为像大象一样令人骄傲的同学。

下课后,阿珍突然想到了什么,然后跟小光说:"上次梦见的大事件就是大象跑进教室里,而后悔、道歉的是普老师。"原本已经忘了这个梦的小光听了觉得很有道理,非常得意自己很会做梦。但这时,阿珍又继续想:这算是灵验了吗?还是说一样是对号入座的思考呢?这真是个很难的问题啊!

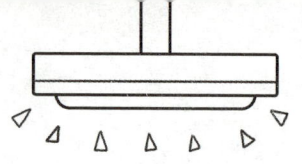

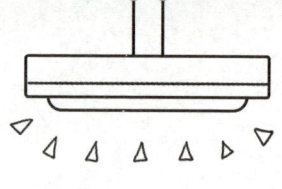

思考与学习

1. 思考能力强的人也会像普老师一样犯错误，为什么会这样？既然如此，那还学习思考做什么呢？

2. 如果马戏团老板没有提出神秘礼物的替代计划，小光就必须面对两难困局了。如果你是小光，你会选择当告密者获得悬赏金，还是放弃悬赏金不当告密者呢？

参考答案
请见第 214 页至 216 页

13

像仙丹一般的七彩野果

大象离开后的某一天，小光到森林里去探险，发现了一颗非常罕见的七彩野果，她高兴得又叫又跳，心想：终于可以和大象说话了！原来小光在之前曾经吃过这种果实，吃了就可以在短时间内和动物说话。小光一直很想知道大象究竟喜不喜欢跟大家一起上课，还有是不是更喜欢她做的那张学生证。所以，小光赶紧摘下果子，把它装进小瓶子里。

但是打听之后才知道，原来大象已经跟着马戏团去遥远的地方表演了，也不知道什么时候才会回来。小光只好失望地放弃跟大象说话的念头。

对各种草药很感兴趣的阿珍在仔细观察七彩野果后吓了一大跳，因为她之前在图书馆的一本古书图鉴

13 像仙丹一般的七彩野果

里看到过这种传说中的果子,记得它有治病功效。原来跟动物说话只是七彩野果的一个小小功用而已。于是她对小光说:"吃这果子只用来和动物说话,真是太浪费了。"

小光惊讶地说:"七彩野果还有别的功用吗?可是我上次吃了也没有其他感觉啊!"

阿珍说:"那是因为你用不着啊!"

小光露出了不解的表情。

阿珍接着说:"这种果子就像仙丹一样,可以治疗绝症,药到病除。因为你没有生病,所以吃了也没用,只是暂时可以跟动物说话而已。这样不是很浪费吗?"

"那要留到生病才吃吗?"小光疑惑着。

"这样也不行,因为不知道什么时候才会生病,就算得了小感冒,拿仙丹治疗感冒也太浪费了,而且

果子摘下后也不能放太久,烂掉就没用了。还是拿去给重病的人吃吧!这样可以救人一命!"阿珍回答。

小光听了却有点儿不太愿意,"那还不如自己吃了跟其他动物说话"。她觉得跟动物说话比救人更有趣。

阿珍摇摇头说:"救人比跟动物说话更重要啊!"

虽然阿珍这么说,但小光还是不觉得救人比较重要,不过她很信赖阿珍,想着:既然阿珍这么说,应该就是对的吧!但又想:最近不一定会遇到病情严重的人,如果遇不到,就可以自己吃掉了。所以,小光笑着说:"可是找不到这种人啊?"

阿珍说:"去医院就会找到!病人好了一定很高兴,说不定会送你很多东西呢!"

小光虽然更想跟动物讲话,可是觉得被"送很多东西"也不错!所以,小光就乘车到医院去了。

13 像仙丹一般的七彩野果

小光在医院里走着走着，看见一个房间里面有许多人愁眉苦脸地围着一张病床，便走了进去。她问："这个人快死了吗？"

一说完，大家都回头对她怒目而视。其中一个人很快走过来把她赶了出去。

小光觉得奇怪，想着：他们大概不想要仙丹，还是自己吃了去跟动物说话好了。所以小光便返回了宿舍。

"原因不一定是这样的！"阿珍对小光说："他们不知道你有仙丹才会赶你，并不是不想要。"

"原来是这样啊！"小光了解后，隔天又带着七彩野果去了医院。

小光走后，阿珍有点儿不放心，担心小光不会说话，又被人赶出来，赶紧跑到图书馆借出那本古书图鉴，追了过去。

小光边走边想，不知道被救的人会送什么东西呢？

　　如果这些东西中还有一颗七彩野果，那不就赚到了吗？小光觉得这样很划算。可是想想也不对！因为如果他们有七彩野果，就自己吃了，根本不需要她的。果然这么好的事情是不可能的！

　　到达医院后，小光找到昨天的病房，病床上的老先生正看着窗外，旁边没人。小光走过去，拿出七彩野果说："老先生快死了吗？我有仙丹哦！这是仙丹，可以治疗绝症，给你吃。"

　　老先生看了小光一眼，心想：这是谁家的小孩跑来跟他开玩笑呢？但当他的视线转向七彩野果时，便发现它真的很奇特，不仅色彩柔和多变，还似乎发出淡淡的七彩微光。他充满疑惑，说不出话来。两人便僵在那里。

　　这时，担心小光的阿珍及时赶到。小光看到阿珍虽然吓了一跳，但还是很高兴，因为她不知道该怎么

13　像仙丹一般的七彩野果

解释七彩野果的功效。阿珍对小光说:"我想一定没人相信你,所以到图书馆把古书图鉴借了出来。"她翻开古书,让老先生看图鉴里的七彩野果。

老先生是个很有学问的人,贯通古今哲理。一看到古书,便知其非同凡响。他在仔细对照野果的图形和说明后,发现那真的就是传说中的果子。如果记载是真的,吃了这颗果子,他的病就会痊愈。老先生大受震动,原本已经不抱希望,现在竟然可以有活下去的机会,说不定还可以看到自己的孙子和孙女成家立业。想到这里,他高兴得流下了眼泪。

小光看见老先生这么高兴,自己也高兴起来,忘了跟老先生要礼物,就赶紧把七彩野果放到他的手上,叫他赶快吃。

老先生正准备吃的时候,突然又犹豫起来,手上拿着果子却僵住了。

　　小光和阿珍都觉得很奇怪。小光赶紧说："这个果子酸酸甜甜的，很好吃。不像有些果子苦苦涩涩的，不好吃。"小光以为老先生怕果子不好吃所以犹豫不吃。

　　但阿珍知道不是这样的："老先生是怕这果子没效吗？如果您不放心，可以先问问医生的意见。"阿珍也担心书里面的记载不一定正确，觉得问问医生的专业意见比较好。

　　但老先生却摇摇头说："不是的。我在想，我这么老了，就算吃了仙丹，治好了病，未来也活不久。不如给病重的小孩吃比较有意义。"

　　阿珍突然觉得老先生很了不起，于是赞叹说："哇！老先生好厉害！有超越生死、推己及人的想法。"

　　老先生惊讶地看着阿珍，疑惑这个小孩怎么会说

13 像仙丹一般的七彩野果

出这么有深度的话,便好奇地问:"这个七彩野果的知识和超越生死、推己及人的观念是你们学校老师教的吗?"

阿珍回答说:"七彩野果的知识是从书里看到的。超越生死、推己及人的观念是学校老师教的。"

老先生在问了是哪所学校后才恍然大悟。"原来是森林学园,难怪这么特别。我要捐一些财产给你们学校。"说完就把野果交还给小光,跟她说:"去找一个比我更需要这个野果的人吧!小朋友,我决定继续走我该走的生命道路。"

小光在旁佩服地说:"老爷爷不怕死,好厉害!"

老先生哈哈大笑说:"就算躲过了今天,也躲不过明天。既然躲不过,那就顺其自然,怕也没有用。"老先生说着说着,内心跟着明亮起来,有种突然想通了的感觉。其实过去这段时间以来,他一直都在为自

己的疾病担惊受怕，希望能治好，但又一直不断地失望，直到仙丹出现的这一刻，反而一切都看开了，觉得人生的际遇实在神奇。

阿珍感动地点了点头，明白了老先生的意思，便带着小光走出了医院。她说："那就先留着好了！但不知道有没有什么好的保存方法。"小光说："上次吃的那颗七彩野果被埋在细细的白沙里。"阿珍点点头说："那就先放进白沙里保存，等待有需要的人好了。"

回到学校，小光跑去曾经去过的水源森林里找到了之前见过的白沙，便把野果和白沙一起放进小盒子里，摆在宿舍的架子上。阿珍看着架子上的小盒子，心里想着：希望可以保存到下一次需要用的时候。而这时小光已经不知道跑到哪里去玩了。

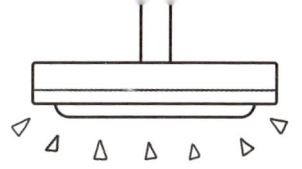  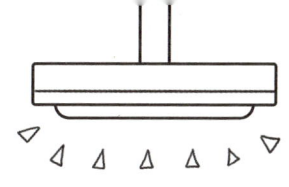

1. "解救别人"和"跟动物说话"比较起来，当然是解救别人比较重要，但是小光却没有这样的感觉，为什么呢？
2. 什么是"推己及人"呢？

参考答案
请见第 217 页至 218 页

14

选谁当班长?

转眼过了秋天,一天在哲学思考课上,小威问:"老师,为什么我们班上不选领导呢?"

"拜托!班上的领导叫作班长!"最喜欢和小威唱反调的小花无奈地说。

"名称有什么关系!大家都知道意思就好了!"小威反驳。

普老师灵机一动,想到一个好点子,于是说:"好!我们来选班上的领导吧!有没有人要参选?"

小威立刻举手喊着:"我!我!我!"

小光也举手:"我提名阿珍参选。"

阿珍听了笑了笑,因为森林学园并没有固定的班级,大家依据不同的兴趣上不同的课程,根本就不需

14 选谁当班长？

要班长，不管名称是班长或是领导，其实根本没意义。但她知道普老师一定有什么打算，所以没有发表意见。

"我也要参选！"小花露出可疑的笑容看着小威，大概想趁机扯小威后腿。

"没有了吗？"普老师环顾四周，接着说："好！我们有三位候选人，候选人可以开始拉票，三天后投票。"

"什么是拉票？"小光不解地问。

"拉票就是自我宣传，告诉别人自己很适合这个职位，然后让别人给自己投票。换句话说，就像是把别人的票拉到自己这里一样。"普老师回答。

"这样不就变成自卖自夸了？一点儿都不谦虚！"阿珍说。

"选举时就是要告诉别人自己很适合这个职位，不用谦虚，但也不能说谎。每个候选人都把自己最适

合的一面表现出来,让别人做出选择,这样才能选出最适合的人来。"普老师说。

"原来如此!"大家都点点头,了解了并不是做什么都一定要谦虚,有时就应该表现出自己最好的一面。

这段时间里,小光到处跟人宣传阿珍很好,最适合当班长。小花却到处宣传小威不适合当班长,这让小威很生气。

三天很快就过去了。投票当天,普老师借来一个小小的投票亭放在教室前面,给每个人发一张印着三位候选人照片的选票,要大家依序进去圈选。

"为什么要这么麻烦啊!直接在座位上圈选不就好了?"小威说。

"不行!为了预防选举作弊买票,自己投给谁一定不能公开。所以要在别人看不见的地方圈选,而且圈选完后要折好才能走出来。如果没折好就走出来,

14 选谁当班长？

或是出来后又打开给别人看，就叫作'亮票'，这是违反规则的行为。"普老师解释。

普老师想了想又接着说："另外，圈选时一定要圈在格子里，没照规定圈选的票都算是废票，要特别注意。而且不管有没有正确圈选，票都一定要投入票箱里，不可以带走，以免被别人拿去作弊。"

说完后，普老师又想了想，好像没什么要叮嘱的了，就让大家陆续投下自己的一票。

全部投完后，普老师就开始一张一张地开票，每一张票都打开给大家看，然后念出哪一个候选人得到这张选票。

最后的开票结果，大家都吓了一跳，本来以为阿珍一定会得最高票，但却一票也没有。小花也只有一票。其余大多数票都投给了常欺负同学的小威。怎么会这样呢？

"一定是买票!"小花生气地说。因为小花那票是自己投给自己的,明明好几个同学都跟她交情不错,而且都讨厌小威,怎么可能没人投她呢?

"你又没证据!怎么可以诬赖我买票,你没有'运动家精神'!"小威很得意可以报之前小花说他没有运动家精神的"仇"。

小花没有理他,大声问:"有没有人要检举小威买票?"但全班鸦雀无声。

开票后阿珍连一票都没有。虽然阿珍自己投了废票,但提名她并到处宣传要投阿珍的小光照理说是一定会投她的,却也没投,这就很奇怪。小光一直低着头,最终她鼓起勇气举手,很不好意思地说:"对不起,小威给了我一个很好吃的蛋糕要我投他,因为他说担心没人投他,只有自己投的一票很丢脸,希望我投他凑到两票。我以为阿珍一定是最高票,不差我这

14 选谁当班长？

一票，所以才投给小威的。"

"果然是买票！真可恶！"小花说。

小威很生气地对小光说："约定好不可以说的，说了就要还我蛋糕。"

"原来是这样，难怪大家都不敢说。"小花一副很不屑的样子。

这时，佳佳也举手："小威也骗我说只跟我约好，我也以为只多投他一票没关系，所以才投他的。"佳佳说完，同学们也纷纷生气地说："对啊！小威骗人！"

被这么多同学说骗人，小威也不敢再说什么，只能暗暗抱怨这些同学都不守信用。

等到大家都说完了，普老师才笑着说："其实现在社会上很多人都觉得'不差我这一票'，所以投票时没有好好思考自己投的这个候选人是不是最适合，只是依照个人利益在投票，这种心态很容易被利用，

等到不适合的候选人当选，后悔就来不及了。"

同学们听了都点点头，觉得要是小威真的当了班长，那真是太可怕了。可是想到自己被骗了，还要还小威蛋糕，大家都觉得很后悔，也越想越气。

看见同学们又困窘又生气的神情，普老师接着说："其实，小威这招是我教他的。"

大家听了都吓了一跳，只有阿珍面带微笑，露出一副果然被她猜到的神情。因为她觉得小威想不出这么厉害的花招。

普老师接着说："蛋糕也是我买的，请大家吃，不用担心！"接着，普老师又拿出三个好吃的蛋糕，分别送给没吃到的小威、小花和阿珍。阿珍知道小光非常爱吃这种蛋糕，便把自己的让给了她。想不到阿珍不仅没有责怪小光，还让她多吃一个蛋糕，这让小光一边吃，一边流下眼泪。

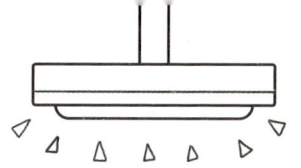

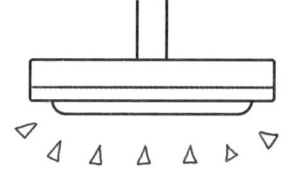

思考与学习

1. 这个骗人手法有什么高明之处？为什么同学们都被骗了？
2. 在选举的过程中，除了买票之外，还有哪些骗人的手法呢？思考一下，要怎样才能避免被这些手法欺骗？

参考答案
请见第 219 页至 220 页

15

人命、狗命，比一比

哲学思考课开始了,普老师刚走进教室,就看到阿珍满脸疑惑的神情,很讶异。阿珍也立刻举手:"老师,人的命和狗的命比起来,哪一个更重要?"

"汪!"阿珍才刚说完,就听到一声狗叫声,感觉好像在说狗的命比较重要一样,这让同学们都哈哈大笑起来。原来小光带了一只流浪狗到教室里。

阿珍之所以会问这个问题,是因为昨天傍晚吃完饭后看见小光急急忙忙跑进宿舍,把之前藏在白沙里的那颗可以治百病的七彩野果挖了出来,又立刻跑了出去。

阿珍很好奇地跟了过去,发现小光拿野果给一只受伤躺在地上的小狗吃。那一瞬间,阿珍觉得不妥,心想:这么珍贵的东西怎么能给狗吃呢?正要阻止小

15 人命，狗命，比一比

光时，阿珍又觉得小狗很可怜，好像不应该阻止。就在阿珍犹豫时，小狗已经把七彩野果吞下肚了。药效果然很好，阿珍今天早上就看到小狗跳来跳去地跟小光一起玩了，还兴奋地跟着她们一起来上学。

阿珍虽然看到小狗痊愈很开心，但还是很困惑："可以救人一命的仙丹给狗吃会不会太浪费了呢？但狗命真的不如人命重要吗？"

普老师似乎觉得这个问题很难，他想了想才开口："从人的角度来说，当然会觉得人的生命比较重要。但如果从狗的角度来思考，它们可能会觉得狗的生命才最重要。那究竟哪个才是真正重要的呢？"

同学们都觉得这个问题很有趣，聚精会神地看着普老师，也偶尔转头看一下窝在小光旁边摇着尾巴的小狗。

他又沉思了一会儿，接着说："如果我们相信生

命无价,那么,无价的东西是无法比较价值的。因为人和狗的生命都是无价的,所以无法比较哪一个更重要。"说完,普老师似乎很满意自己的解答。

"那如果手上有一颗仙丹,可以救一只狗或是一个人,究竟要救谁呢?"还是很困惑的阿珍继续追问。

普老师又想了想,便说:"那就不是人和狗哪一个比较重要的问题了,而是眼前的那一只狗和那一个人,对你来说,哪一个比较重要?"

这时,小威插话:"当然是人比较重要啊!如果是我和一只狗受伤,你会选择救谁?"

"当然是救狗啊!"最喜欢和小威斗嘴的小花不假思索地说。说完大家都哈哈大笑。但阿珍只是笑了笑,没有说要救狗,也没说要救小威。

小威不甘示弱地转头问大家:"那如果小狗和小花受伤,你们要救谁?"

15 人命、狗命,比一比

"当然是救小花啊!"同学们说得很大声,故意表现出小威和小花在他们心中地位的不同。

小花在旁笑着说:"哈哈,自讨苦吃!"

小威却气得说不出话来。

小光坐在旁边若有所思,一直都没说话。阿珍觉得很奇怪,便问小光在想什么。小光说:"我在想,如果爸爸妈妈都生病了,仙丹只有一个,那究竟应该救谁呢?"

阿珍觉得这问题很难,于是抬头望向普老师。普老师明显也听到了小光的问题,但假装没听到,赶紧说要上课了。阿珍心想:这个问题大概连普老师都答不出来吧。

下课后,佳佳跑来对小光说:"我觉得妈妈比较重要!因为妈妈比较好。"

小威在旁听了说:"可是又不是每个人的妈妈都

比较好，而且失去的总是让人感觉比较好。"

佳佳听了觉得有道理，点点头。

阿珍接着说："从不同角度来看，会有不一样的想法。像从社会角度来说，我就觉得爸爸比较重要，因为爸爸对社会有更多贡献。"

小威知道阿珍的爸爸是个大企业家，所以说："又不是每个人的爸爸都是大企业家。"

小光听了点点头，觉得用不同的标准就会有不同的解答。"那有没有什么标准是最重要的呢？"小光提出问题。

大家听了小光的问题后，你看看我，我看看你，都摇摇头无法回答这个问题。最后，阿珍说："那就再问问普老师吧。"大家都很认同这个提议，于是收好东西离开哲学思考教室，各自去上不同的课程了。

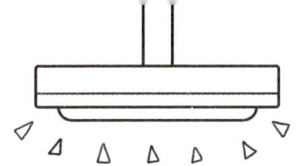

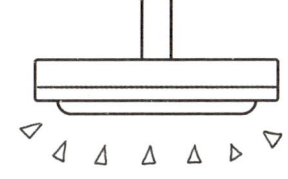

思考与学习

1. 如果爸爸和妈妈都掉进水里，一个在桥的左边，一个在桥的右边，两人都不会游泳，而你手上恰好有一个救生圈，要丢给谁呢？试着给出答案，并说明理由。
2. 人的命和狗的命究竟哪一个比较重要呢？试着说出自己觉得最合理的答案，并说明理由。

参考答案
请见第 221 页至 222 页

16

最后一天有好事发生

很快,学期到了尾声,寒流也来了,山上非常冷,就要下雪了。闹钟响了半天,阿珍还是窝在棉被里不想出来,但小光立刻跳下床,还很得意地说:"怎么一点儿都不冷呢?"

今天是学期最后一天,也是哲学思考课的最后一堂课。小光一起床就蹦蹦跳跳,嘴里还一直哼着奇怪的旋律,看起来心情好得不得了。阿珍窝在棉被里好奇地问:"你做了什么好梦吗?"

小光点点头说:"今天会有好事发生。"

"什么好事?"阿珍问。

小光却摇摇头:"不记得了!只记得有好事会发生。"

16 最后一天有好事发生

阿珍笑了笑:"这不能算是预言梦,因为可能每天都会有好事发生,这样就容易变成对号入座的思考了。而且今天是最后一天上课,马上就要放假,这不就已经是好事了吗?"

小光呆了一下,接着说:"原来是这样啊,哈哈!"

两人吃过早餐后,往哲学思考课教室走去。远远地看见同学们又聚集在教室外面,而且还看见普老师已经到了。

"不知道又发生什么事了,而且普老师今天怎么这么早就到了呢?"阿珍感到疑惑,便跟小光一起跑过去。

小光跑得比较快,一到教室门口,便开心地欢呼:"哇!大象回来了!"

阿珍听了吓了一跳,便往教室里面看过去,真的看到大象了。"可是,怎么看起来好像哪里怪怪的。"

这时，冲到教室门口的小光却说："什么啊！原来是气球象啊！害我白高兴一场。"

原来普老师借来了一个气球大象放在教室里面，还把桌椅都搬到走廊上，想在最后一天上课时，让同学们再一次感受跟大象同学一起上课的氛围。所以，虽然是假的大象，大家还是很高兴。

上课钟响后，普老师跟大家说："我们今天来讨论一个很重要的问题：什么是真？什么是假？首先，这个大象是真的，还是假的呢？"

"假的！""当然是假的！""怎么可能是真的呢？"大家纷纷回答。

普老师笑了笑说："为什么是假的呢？有没有人可以说个理由？"

小光说："我刚才摸到了它，触感和真大象的不一样。"

16 最后一天有好事发生

普老师摇摇头说:"那有没有可能是你的触感有问题呢?而且说不定大象生了皮肤病,触感变得不一样了?"

"可是这个大象摸起来像塑胶,得皮肤病也不会变成塑胶皮肤啊!"小光接着说。

"嗯!有道理!"普老师点点头。小光听了很得意。

这时小威一副很无聊的口气说:"一看就知道是气球象!不会动,也不会叫,怎么可能是真的大象呢?"

小花又想跟小威作对,便很不以为然地说:"说不定是真的大象被施了魔法变成了现在这个样子,虽然外表变了,但内心没变,还是真的大象。"

普老师听了立刻鼓掌:"这个想法不错!"

小花原本只是为反驳小威乱说的话,想不到被普老师称赞,她非常开心,便笑了起来,还对小威做鬼脸。

普老师接着说:"如果事实就像小花说的那样,那这只大象是真的,还是假的呢?"

阿珍想了想说:"这样就应该是真的,因为心比身体更重要。"

普老师点点头问阿珍:"理由是什么?"

阿珍又想了想说:"如果我和小光的灵魂交换身体,那这个'我'就应该不是我,而是小光才对。"

普老师又鼓掌说阿珍说得很好。小光听到小花和阿珍都被称赞,也很想发言,便说:"对啊!如果普老师的灵魂跑进橡皮擦里面,那这个橡皮擦就是普老师了。"边说边指着桌上那个有怪兽外形的小橡皮擦。

小光说完,大家都在笑,普老师也点点头说:"没错!说得好!"

小光又被称赞了,非常得意。

普老师接着说:"可是这么一来,我们怎么知道

16 最后一天有好事发生

这只大象到底是不是真的大象呢？"

小光想起了"会有好事发生"的梦，便说："如果真的大象出现，会让人感到开心，就表明发生了一件好事。可是这个气球大象的出现，并不让人觉得是一件好事，所以这只大象不是真的大象。"

小光说完，普老师瞪大眼睛说："这个看法太了不起了！"

小光再三被称赞，而且这次的称赞是"太了不起"，这让小光更得意、更开心了。但这时小光又想：这只气球大象出现后才会讨论这些问题，也才让她有机会被称赞，那说明这只大象带来了开心，就是一件好事，那它应该就是真的大象啊！可是她却是因为说这只大象不会带来好事才被称赞的，这样感觉有点儿矛盾了。一时间，小光有点儿搞不清楚，想了一会儿还是想不通，就没去管它了。

16 最后一天有好事发生

阿珍知道小光是因为做了"会有好事发生"的梦才这么说的。但她觉得普老师的赞美很奇怪，所以看着普老师等他解释。

普老师看着大家，知道大家都有疑问，便接着说："到底什么是真？什么是假？有时很难分辨清楚。有些哲学家主张，如果我们具有真实的知识，通常会带来很大的用处，所以一个想法有没有用，有时可以作为判断这个想法对不对的依据。"

普老师看着大家都有点似懂非懂的样子，便举例说："如果有人说，吃芋头可以治疗感冒，那这是真的还是假的？"

小威抢着说："吃吃看就知道了嘛！有用就是真的，没用就是假的。"

普老师立刻鼓掌说："是的，这就是判断真假的一种方式。所以，很多事情要尝试了才会知道。但是，

有些比较危险的尝试当然就不能随便试了。"

大家听完都觉得很有道理。生活中有很多事情不是想想就好，要去试试才会知道。

"可是……"小光边想边说："我如果把气球大象看错，看成真的大象，然后很高兴，那就是发生了好事。这样想气球大象就很有用，可它还是假的啊！"

"说不定就变成真的了哦！"普老师笑着说。

阿珍反应很快，说："这怎么可能呢？如果把假钞错看成真钞，拿去买东西，如果老板也看错了，那假钞也可以买到很多东西，但假钞还是假钞！"

走廊上，大家正叽叽喳喳说个不停，这时教室里突然发出"砰"的一声响。所有人都立刻转头望向教室，发现气球大象爆炸了，烟雾弥漫。同学们吓得目瞪口呆。

等到烟雾逐渐散掉，一个大象的身影出现在教室

16 最后一天有好事发生

里,缓慢移动,并且发出熟悉的声音。

"真的大象!"小光第一个喊出来,并且马上跑进教室里。其他人也发现了,也都跟着跑进去。大象的鼻子上还带着之前小光和小威做的学生证。

教室里面除了大象之外,马戏团老板和阿珍的医生叔叔也在,原来他们都一起躲在气球大象的另一侧。

看见同学们这么高兴,马戏团老板说:"听说大家都很想念大象,所以就跟普老师商量好,在学期最后一天带它来看大家,顺便表演它很拿手的变身绝活儿。"原来从气球象变成真大象本来就是马戏表演的项目之一。

非常开心的小光想到了自己的梦,便跟阿珍说:"你看!很准吧。今天好事发生了。"

这时正看着教室外面的阿珍点点头说:"好准啊!而且好事还不止一件呢!"

"对啊,还有要放假了!"小光一边摸大象一边回答。

"不止!"阿珍说。

"嗯!还有今天被普老师称赞了三次!"小光接着说。

"还有更好的事情。"阿珍又说。

"还有什么呢?"小光感到很疑惑,回头看阿珍,发现阿珍正看着外面,顺着阿珍的目光望过去,看见两个人,一男一女朝教室走了过来。一时间,小光内心百感交集,掉下了眼泪。阿珍回头看着小光,笑了笑说:"你不是很想念他们吗?快过去吧!"

小光冲出教室,抱着那位女士,走过来的两人都笑着拍了拍她的肩膀。她的父母虽然离了婚,但还是约好一起来接她过寒假。小光心想:果然,今天有好事发生呢。以后要多做这种梦才行!

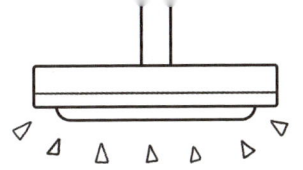

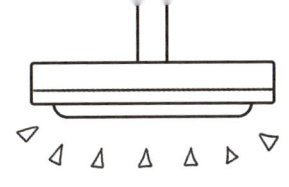

1. "平时养成讲道理的习惯，讲道理的能力也会越来越强"，这论断是真的还是假的呢？要怎样才能证明真假？

2. 小光这个梦到底算不算很准呢？

参考答案
请见第 223 页至 224 页

思考与学习
（参考答案）

1 讲道理威力无穷

1. 如何培养讲道理的能力呢?

答:学习讲道理最重要的一点,就是要养成无论提出什么观点,都一定要说出理由的习惯;或是听到别人有什么观点,也要养成问理由的习惯。因为有了理由才能评价观点有没有说服力。养成这个习惯后,就可以开始学习寻找更好的理由。通过不断练习,讲道理的能力就会越来越强了。

思考与学习(参考答案)

2. 什么是"心想事成"?

答:"心里想什么都能实现。"这是大家最喜欢的生活。就像想买东西时,只要跟爸爸妈妈说,他们就都会买来,这真是太棒了。但是如果想要却得不到,通常就会很难过。就像在大卖场中,有时会看到小朋友吵着要买什么玩具,如果父母没有给他们买,他们就会大吵大闹,甚至大哭大叫。但是,有许多东西他们只是一时兴起想要,很快就不感兴趣了,这类东西实在没有购买的必要。出于这方面的考虑,父母可能就不会买。或者,有些东西的价格对父母来说太昂贵了,小朋友也可能无法获得。另外,有些东西不是有钱就可以买到的,比如友谊和帮助。所以,每个人在成长中,都要学习如何接受"想要却无法获得"的心情。越能接纳这种心情,心就越自由,越不受欲望的支配,这是成长中很重要的一种能力训练。

3. 为什么"合理的不一定是正确的"？为什么要记住这个观念呢？

答：当我们听到一个合理的理由时，常常会凭借直觉认为这就是正确的，缺乏思考"是否真是如此"的习惯，所以很容易想错事情。例如，阿珍针对"天气凉爽，所以来学习讲道理"提出了一个合理的理由，大家就自然会认为"原来如此"，而不再去思考真正的答案是什么。但这是正确的理由吗？会不会普老师实际上不这么想呢？就像如果有一天有位朋友突然不想跟你讲话了，你也很容易想当然地找一个理由，但实际上不一定如此。了解这个道理很重要。这个道理让我们知道：自己觉得合理的想法其实不一定正确，还要再多思考，多问问，才能进一步确定。

4. 试着举举其他例子说明"对号入座的思考"。

答：有时候我们觉得别人对自己的评价很对，但其实那些评价非常笼统，适用于很多人。这其实就是一种"对号入座"的思维表现。

所以，我们在日常的生活中，要学会独立思考，学会看到事物内在的特质和差异，才能避免陷入这种思考的误区。

2 寻找真理的哲学家

1. 什么是"害群之马"？为什么不要做害群之马？

答："害群之马"指的不是马，而是破坏整体的人。例如，一个商人到外地卖假货，就害得所有本地商人都被怀疑卖假货，导致严重的后果。只为了个人小小的利益，而损害整体极大的利益，这样的人就被称为害群之马。如果大家都不当害群之马，就可以让整体达到最佳状态。害群之马有时不只害了整体，到头来也害到自己，可以说是得不偿失。

2. 什么是"无理取闹"？怎样避免无理取闹？

答："无理取闹"指的是没道理地大吵大闹、坚持己见的行为。通常这样的人都以为自己是对的，这样的自信心大多来自无知（不知道自己知识不足）。

其实这种坚持错误观点的情况经常发生,也很难完全避免。所以学习讲道理很重要。

3. 什么是"学以致用"?学以致用有什么好处?

答:"学以致用"是指学了某些知识以后能够把这些知识转化为能力,应用在生活中。很多知识只了解是没有用的,需要活用才能发挥知识的功效。例如,学了很多关于游泳的知识,但不去练习,不会游泳,那这些知识就没有意义了。

4. 我们可不可以怀疑书本上的知识呢?

答:书本上的知识大多经过实践而来,错误的概率较低。但是,严格说起来,当一个人学了越多知识,就越知道我们对宇宙的了解其实非常少,未来是不是会发现书本上的知识是错的,谁也不知道,所以我们

还是可以怀疑书本上的知识的。但是，因为书本上的知识正确率很高，所以可以先把书本内容当作正确知识来学习。如果有人提出不同看法，也要注意听，认真思考，说不定书上的知识也会被推翻。

3 将可怕的比赛当作冒险游戏

1. 想一想为什么金鸡独立比赛很好玩,演讲比赛却很可怕?下面哪个(或哪些)理由比较合理?除了这些理由,还有没有其他更好的理由?

A 因为演讲比赛的对手比较厉害。

B 因为我们对演讲比赛有错误的认识,误以为讲不好会被看不起。

C 因为演讲比赛有很多人在看。

D 因为演讲比赛不是玩游戏。

答:演讲比赛之所以会让人觉得很可怕,原因有很多,上面这些都是原因,但最主要的原因是演讲比赛要面对观众。大多数人被别人关注时都会紧张,紧张就容易表现不好,表现不好就容易感觉会被人批评或看不起,这些都是让人感到可怕的因素。但实际上,

仔细想想就会发现，只要心态改变，把演讲比赛当作冒险游戏，或者像是金鸡独立游戏一样，就会觉得它其实没那么可怕了。而且，常去做类似的事情，可以锻炼面对大家讲话的勇气。

2. 参加比赛时会紧张，害怕表现不好，为什么会这样呢？而且越紧张，反而表现越差，该怎么办才好？

答：害怕表现不好、会紧张是大多数人的共性，所以不用太在意自己的紧张情绪。紧张不是自己可以控制的，所以也不用设法去控制它，专心比赛就好了。如果常常参加比赛，经验多了，就越来越不紧张了。

思考与学习（参考答案）

4 有"运动家精神"就会变得很虚伪？

1. 什么是运动家精神？

答：运动家精神是一种风度。比赛输了后，虽然很失望，但也能敬佩对手的优秀，正视自己的不足，由衷地向对手表示祝贺。这不仅是体育比赛的意义，也是很多人奋力拼搏后心情的自然流露。当然，并不是所有人都会这样想，但也没有关系，只要能保持风度，不因为沮丧和失望而做出不当的举动就好。

2. 想想看有没有"说谎"反而是好事的情况？

答：例如，球队参加比赛时，教练会对球员说："你们是最强的！"这句话可能不是事实，却有打气的作用，比喊"加油！加油！"有效多了。

3. 学生放学后应该把作业写完,想想看在什么情况下可以暂时不写作业?

答:例如,家人生病需要照顾,或是有其他更重要的事情要做时,都可以先做更重要的事情。到学校后,应该跟老师说明。没写的作业也要及时补写,因为这是学习过程中很重要的练习。

思考与学习（参考答案）

5 爸爸就像大山一样

1. 想想看，你的爸爸是不是"猪队友"呢？如果是的话该怎么办？如果不是的话，他是怎样成为好队友的？

答：任何人在做不熟悉的工作时，都无法立刻驾轻就熟，还容易越弄越糟，就变成"猪队友"了。但只要耐心指导他，他就会慢慢熟练。如果真的遇到"猪队友"，不如多点儿耐心和鼓励，因为打击、批评容易让人失去信心，难以进步。所以，如果自己的爸爸是"猪队友"，要耐心告诉他如何变成好队友。如果不是的话，也可以问问他是如何成为好队友的。

2. 在学校组队时,万一真的遇到"猪队友",该怎么办?

答:组队时,大家都希望队友很强,这样就可以依靠别人的力量获得较好的成绩。但要记得几件事情:如果你的队友是"神队友",那在他眼中,你可能就是"猪队友"。反过来说,如果你的队友是"猪队友",那在他眼中,你可能就是"神队友"。所以,你希望你的队友是"猪队友"还是"神队友"呢?任何事情其实都有好的一面和坏的一面,只看到坏的一面就会让人伤心难过。最好的策略,其实是发扬好的一面,以及设法消除坏的一面。如果队友表现不佳,可以好好地协助他,一起努力,不仅可以培养自己的团队精神,也可以获得较好的成果。

思考与学习（参考答案）

6　有关幸福秘诀的传说故事

1. 小光听到小威说她很可怜，便认为"原来大家都觉得她很可怜"，这样的推理有没有问题呢？

答：这里需要注意一个重要的思考法则，即"少数不代表全部"。人们对于自己不熟悉的事情，会习惯在看到少数例子后，就以为全部或是大部分都是这样。就像第一次被骗去赌博的人赢钱后，就会以为赌博赢钱很容易而上当受骗。

2. 厨师们觉得臭豆腐不好吃，酋长认为他们是因为做不出来而故意说谎。这样的推理有何问题呢？

答：这里需要注意的思考法则是，"原因不一定是这样"。当人们遇到一件事情后，会习惯性地提出一个直觉上看起来有道理的原因去解释它，但实际上

却不一定是这样的。就像跟同学吵架后考试考不好，就会觉得自己是因为吵架心情不好才会考不好，但其实可能是因为自己不够努力导致的。

3. 为什么有人不爱听别人讲道理？除了直接说和讲故事之外，还有哪些讲道理的方法呢？

答：针对自己不喜欢的结论，大多数人都不喜欢听别人讲理由，因为如果真的很有道理的话，自己的心里就会不舒服。例如，喜欢某个明星，就不想听到别人说这个明星不好的理由。但这其实也是每个人要训练的地方，不要因为心里排斥就不想听，因为这可能会导致有了错误却一直无法知道。例如，自己做了一个错误的选择，但因为个人喜好，而不愿意听别人讲道理，就错失了提早发现错误的机会。针对别人不想听道理的情况，还是有很多种方法可以尝试，例如，

讲的时候可以委婉一点儿，或是不要讲得太多，让别人自己去探索。讲故事也是一个方法，此外还可以暗示，或是分享自己类似的经验。方法是否适用，则需要你仔细思考，慎重选择。

7 教室里有一头大象

1. 为什么"合理的不一定是正确的"？为什么要特别注意这个观念？

答：由一般到特殊的推理方法称为逻辑推理，也称演绎推理。学习逻辑推理就是要学习如何分辨正确的和错误的推理过程。大多数错误的推理都很容易被发现。例如，有一天小光和阿珍走在路上，遇见一个大人说有一部最新的手机，问她们要不要买，只要一百元就好。单纯的小光听了很高兴，就说要买，这个大人就说要她们和他一起回家拿。这时，阿珍就觉得很有问题，便问："为什么新手机不要了？"这个大人回答："用久了想换手机。"阿珍立刻发现了问题，说："明明是新手机，为什么会用久了，而且要换什么手机，要换旧手机吗？"说完就赶快带小光离开了。

思考与学习(参考答案)

像这类骗子，只要稍微想一下就知道很有问题。但是，有些骗子的骗术更精巧，更难被发现。尤其许多推理听起来像是正确的，但事实上却是错误的。这类推理在逻辑学上被称为"谬误"。谬误有很多种，需要经常训练发现谬误的能力，才不会掉入思考陷阱。其中一种谬误叫作"把合理当正确"，对应的思考法则是：合理的不一定是正确的。人们在思考问题时，很容易把想到的第一个自认合理的想法，当作正确的，然后就没有再仔细思考，而这种错误推理很容易导致对他人产生误解，以及得出错误结论。

2. 哲学家真的对怪异的事情接受度比较高吗？为什么？如果是的话，是不是表示普老师的可疑举动没问题呢？

答：确实，哲学家对怪异的事情接受度比较高。重点在于一个思考法则："任何事情都是有可能的。"只要保持这个思考习惯，即对各种感觉上好像很不可思议的事情，都保持一个"有可能"的态度，那么当事情发生时，就可以立刻去思考，不会突然被吓到而手忙脚乱。但是，这是否就表示普老师的可疑举动没问题呢？其实不一定，这时我们要注意：合理的不一定是正确的。用"哲学家对怪异的事情接受度比较高"来解释"普老师很快就接受教室里有大象的事情"虽然是很合理的，但未必是正确的，还要怀疑"也可能不是这样的"。

思考与学习(参考答案)

8 大象是怎么进到教室里的?

1. 猜猜看为什么普老师没有先想到大象是怎么进去的,反而先想到大象要吃什么呢?试着说出理由。虽然合理的不一定是正确的,但越合理,正确率越高。

答:阿珍猜想:或许是因为最在乎什么事情,就最先看到什么事情!有时甚至只注意最在乎的事情,其他的反而都看不见了。这个猜测虽然很合理,但不一定正确。因为合理的不一定是正确的,而且,说不定还有更合理的理由。

2. 试着发挥想象力，想想大象究竟是怎么进入教室里的呢？是否还可以想出其他答案呢？

答：这道题是想象力练习，没有标准答案，可以天马行空随意地想。不管和本书所写的内容是否一样，都没关系。只要常常练习，就容易想出各种有趣的答案。

9　小光梦见大象小时候

1. 小威是真的喜欢当外星人吗？还是说这个说辞只是一种回应方法呢？

答：小花说小威是外星人，感觉像是在批评他，而且同学们也都在笑他。如果小威很喜欢当外星人，就一点儿都不觉得自己被欺负，说不定还会很高兴。所以，人和人的交往，因心态不同会有很大的差别。

通常有自信心的人根本不会在意别人的批评，因为自我认同更重要。中国古代哲学家庄子说，真正厉害的人有自知之明：哪里好、哪里不好，有多好、有多不好，通通都很清楚。就算全天下的人都批评他，他也不会觉得自己更差；就算全天下的人都赞美他，

他也不会觉得自己更好。①

如果小威并不喜欢被叫作外星人,只是假装喜欢,却可以让想要嘲笑自己的人无法达成目的,也算是一种不错的回应方式。可是也还要看情况,如果是很难听的称呼,就算假装喜欢,别人也不会相信,这时假装就会适得其反。

2. 当不同的道德观产生冲突时,是不是看自己的良心就没问题了?还是说需要再考虑别的问题呢?

答:有时光靠良心来判断是不准的,因为不同的人在同一环境或者同一人在不同的环境下都可能产生

---

① 原文是:故夫知效一官,行比一乡,德合一君而征一国者,其自视也,亦若此矣。而宋荣子犹然笑之。且举世而誉之而不加劝,举世而非之而不加沮,定乎内外之分,辩乎荣辱之境,斯已矣。——庄子《逍遥游》

思考与学习（参考答案）

不同的内心感受。举例来说，古时候某些祭祀活动要杀羊祭拜，孔子的学生子贡觉得羊很可怜，所以不想遵守而想要改变。可是孔子认为遵守典礼更重要。到底哪一种才是真正有良心的表现呢？这很难判断。这时就需要大家说出更好的理由了。

10　跟大象同学一起上课

1. 什么是"诡辩术"?

答:似是而非的推理叫作"谬误",故意利用谬误去误导他人则叫"诡辩"。运用诡辩的技巧,称为"诡辩术"。诡辩术是一种方法,我们要注意把这种方法用在正确的地方上,而不应用它去做不正当的事情。

2. 什么是"反将一军"?

答:依据象棋规则,只要能吃掉对方的将或是帅就可以赢得比赛。在只差一步就可获胜时要喊"将军"。意思是说,我下一步就可以吃掉你的将或是帅了。这时另一方如果能在解除危机的同时也喊出"将军",那么就可以称之为"反将一军"。在生活中,如果能在几乎就要失败的危机中反转战局,让对手面临失败的威胁,都可以称之为"反将一军"。

3. 什么是"此地无银三百两"?

答:这个典故来自我国的民间故事。有个名叫张三的人把三百两银子埋在院子里,因担心有人把它挖出来,所以就在那里插了一个牌子,上面写着"此地无银三百两"。这种做法不仅没有达到原本隐藏的目的,还等于告诉别人这里有三百两银子。这类自作聪明的行为都可以用"此地无银三百两"来比喻。然而,故事还没完,邻居王二看见后,便把三百两银子挖出来偷走,但担心被人发现是自己偷的,于是在原本的埋银处也立了一个牌子,写着"隔壁王二不曾偷"。这也让人一看就知道是王二偷的银子,也可以说是"此地无银三百两"的做法。

11 遇到两难困局,怎么办?

1. 很多作业要写,很麻烦,可是不写作业会被批评,也很麻烦。在这种"两难困局"中,该怎么办?

答:人生中很多该做的事情都让人觉得很麻烦。最好的解决方法就是,训练出不怕麻烦的能力,或是找出这些麻烦事好玩的地方,就可以彻底解决这个问题。例如,有人其实很喜欢写作业,为什么呢?因为只要认真去写,写得很好,就可以获得成就感,有了成就感,就可以慢慢培养学习兴趣了。一旦培养起兴趣来,就不会觉得写作业麻烦,也就彻底解开这个两难困局了。

思考与学习（参考答案）

2. 想想自己遇到过哪些两难困局？当时是否想出了好的解决办法？尝试跟老师或同学讨论自己遇到过的两难困局，让大家一起思考有没有更好的解决办法。

答：解决两难困局不仅需要好的思考能力，还需要好的创意。即使暂时想不出好办法，也不表示这样的办法不存在。这是"看不见的不一定不存在"的重要思考法则。继续思考，或是询问他人的意见，说不定就可以发现"原来还有这个方法"。

12　再会了,大象同学!

1. 思考能力强的人也会像普老师一样犯错误,为什么会这样?既然如此,那还学习思考做什么呢?

答:普老师的错误思考叫作"轻率因果连结的谬误"。看见大象身上的旧伤痕,就误以为是在马戏团训练时被虐待造成的。这是一种错误的思考方式。我们要尽量训练发现谬误的能力,让谬误出现时可以及早被发现。这时,一定要记住的口诀是"原因不一定是这样的"。也就是在做因果推理时,对自己说:"原因不一定是这样的。"我们就会比较谨慎地再去思考是不是真的如此。但即使学会了这个口诀,仍然不能保证自己每一次犯谬误的时候都会被发觉。不管思考能力有多强,都有可能犯谬误而不自知,就像普老师一样。也因为如此,我们一定要记得,推理时不管多有把握，都有可能是错的。有了这样的认知，就知道要更小心避免犯错。

既然不管思考能力多强都会犯谬误，那训练思考的意义是什么呢？虽然思考能力强也无法完全避免犯错误，但思考能力越强，就可以避免越多的错误思考，当错误思考越少时，造成的危害自然就越小了，这就是学习思考的主要价值。

2. 如果马戏团老板没有提出神秘礼物的替代计划，小光就必须面对两难困局了。如果你是小光，你会选择当告密者获得悬赏金，还是放弃悬赏金不当告密者呢？

答：其实，就算马戏团老板按照告密者的身份给小光悬赏金，小光也不能算是告密者。因为小光在推荐阿珍叔叔来看病时，并没有想要告密，所以，在这种情况下，小光根本不能算是告密者。但这里要考虑的问题是，就算自己没有告密动机，但接受了悬赏金就等于接受告密者的身份，这可能会影响自己的名声，在这种情况下，放弃悬赏金是合理的选择。若不得不接受悬赏金，那么需要考虑怎么使用，例如，捐给班级用于举办活动会不会更合适？这可能是一种较好的选择；但如果悬赏金必须由普老师来付的话，这就不是好的选择了。从这里也可以看出，不同的情况，会有不同的最佳策略。

13　像仙丹一般的七彩野果

1. "解救别人"和"跟动物说话"比较起来,当然是解救别人比较重要,但是小光却没有这样的感觉,为什么呢?

答:对小光来说,跟动物说话很快乐,但不觉得救人会更快乐。那是因为她缺乏感受他人心情的能力。如果我们常常去思考别人的处境,就容易培养出同理心,也就可以对他人的心境感同身受。有了这个能力,就会发现救人比跟动物说话更有意义,也更快乐。例如,看见有同学被欺负时,想一想,如果自己是那个被欺负的同学,会有什么感觉?会需要些什么帮助?或者,比赛赢了高兴欢呼的时候,想想看如果输的人是自己,看见赢的人高兴欢呼会有什么感觉呢?

2. 什么是"推己及人"呢?

答:推己及人是指可以设身处地地替别人着想。在考虑自己的利益或感受的时候,也考虑到别人的利益或感受,这是一种非常好的品质。

在本书中,生病的老爷爷由自己生病想到小朋友生病,进而想到可能小朋友会比自己更加需要七彩野果。这就是一种推己及人的思考方式。这样的思考方式体现了对别人的关爱,值得我们学习。

14　选谁当班长？

1. 这个骗人手法有什么高明之处？为什么同学们都被骗了？

答：第一，这个手法利用了一个思考陷阱，即人们误以为"合理的就是正确的"。小威说因为担心自己只有一票很丢脸，希望用蛋糕多买一票才不丢脸。这个理由虽然合理，但却未必正确。只要再思考一下就会发现，其实只有两票也一样很丢脸，如果小威不想丢脸，很可能会再跟别人说一样的话来获得更多选票。第二，这个手法利用了人的同情心，同情心容易让人做出错误判断。所以，有同情心虽然很好，但还是要小心不要被利用了。

2. 在选举的过程中，除了买票之外，还有哪些骗人的手法呢？思考一下，要怎样才能避免被这些手法欺骗？

答：例如，有些候选人会提出大家都很高兴听到却不太可能实现的计划。就像有候选人提出当选班长后要组织同学们一起去旅行，但选完后就没有消息了。其实只要好好想想就会知道，对于未成年的同学们来说，是无法脱离父母和学校的监护自发组织去旅行的。也就是说，多了解些常识，有助于避免被骗。

思考与学习（参考答案）

15　人命、狗命，比一比

1.如果爸爸和妈妈都掉进水里，一个在桥的左边，一个在桥的右边，两人都不会游泳，而你手上恰好有一个救生圈，要丢给谁呢？试着给出答案，并说明理由。

答：虽然遇到这种情况的概率很低，但在生活中有时确实会遇到某些问题，令人很难做决定。这也就是两难困局，让人陷入了怎么选择都不对的困境。遇到这类问题，就要在看似没有完美解答的表面之外，去寻找更优解答。记住："看不见的不一定不存在。"例如，赶紧喊人来协助就比犹豫要把救生圈往哪里丢更重要。

2. 人的命和狗的命究竟哪一个比较重要呢？试着说出自己觉得最合理的答案，并说明理由。

答：我们从不同的角度思考，常常可以获得不同的解答。除了文章中的几个不同的角度之外，如果从"对社会贡献能力"或是"心智能力"的角度来说，就会觉得人是比较重要的。这也是为什么我们本能地会认为人命比较重要，因为我们习惯从这些角度来思考生物的重要性。但这些角度也都有局限性，并没有定论。

16　最后一天有好事发生

1."平时养成讲道理的习惯,讲道理的能力也会越来越强",这论断是真的还是假的呢?要怎样才能证明真假?

答:有些论断要经过实践才知道真假,不去行动则永远都只是空谈。但对于那种做了会有害处的事情则不要尝试。例如,一个人去山里探险,虽然很有趣,但难以预料危险程度,这时就需要仔细思考,判断自己有能力处理各种问题后才能去做。由于许多人养成讲道理的习惯后,讲道理的能力越来越强,所以这些人可能会觉得这个论断对。但这个论断也有可能错了,因为"原因不一定是这样的"。论理能力的提高也不一定完全就是养成论理的习惯而带来的。所以,不管是真是假,还是要自己去试试才会知道。对于"养成讲

道理的习惯"这件事情,就算试了之后"讲道理的能力"没有提高,那也没关系。这类事情"只赚不赔",应该多多尝试。

2. 小光这个梦到底算不算很准呢?

答:这个问题没有答案,不管觉得准或不准,试着说个道理看看。开始付诸行动,养成讲道理的习惯吧!